Hans Häuser

Schul Wörter Buch

TRAININGSHEFT

unter Mitarbeit von
Wolfgang Pramper

VERITAS

www.veritas.at

Wer suchet, der findet!

Kennst du diese alte Lebensweisheit? Für die Schule und das Leben danach bedeutet sie: Nur wer nach Lösungen sucht, wird welche finden. Dass aber gerade *das richtige Suchen* gar nicht so leicht ist, hast du sicher schon bemerkt.

Die entscheidenden Fragen beim Suchen sind:
Wonach suche ich genau?
Wo soll ich suchen?
Wie gehe ich vor bei der Suche?

Viele Schülerinnen und Schüler drücken sich um diese Fragen. Sie suchen ohne guten Plan, sie brauchen lange, um ein Ergebnis zu erzielen, und die Ergebnisse sind oft zufällig, manchmal sogar falsch. Dieses umständliche und wenig Erfolg versprechende Suchen führt dann oft dazu, dass sie beim nächsten Zweifelsfall nicht nachschlagen, sondern lieber raten.

Stell dich den Überlegungen für eine gezielte Suche!

Ein Wörterbuch ist ein ideales „Trainingsgerät" für das Üben des gezielten Suchens. Training ist notwendig, damit eine Aufgabe von Mal zu Mal leichter fällt. Alle, die ein Musikinstrument lernen, einen Sport betreiben oder auch Computerspiele spielen, wissen das: Erst durch regelmäßiges Training wird alles einfacher, geht schneller und führt sicher zum Ziel.
Das vorliegende Trainingsheft stellt eine große Zahl an sehr verschiedenartigen **Übungen** bereit. Es hilft dir verlässlich, das schnelle und richtige Suchen einzuüben.

Aber selbst das Suchen in einem überschaubaren Wörterbuch ist gar nicht so einfach:

Schokolade – gesprochen mit „Sch", zu finden unter „Sch"
Chauffeur – gesprochen mit „Sch", zu finden unter „Ch"
Genie – gesprochen mit „Sch", zu finden unter „G"

Nur wer richtig nach Lösungen sucht, wird die richtigen Antworten finden!

Bei der *Schokoladen-Suche* im Wörterbuch wird sich auch die Anfängerin/der Anfänger ohne spezielles Training nicht schwertun. Aber nur wer Erfahrung im Suchen hat, wird anspruchsvollere Beispiele wie *Genie* in einer zufriedenstellenden Zeit finden. Erfahrung gewinnt man durch geschickt gestaltete Übungen, wie sie hier im vorliegenden Buch zu finden sind. Sie bringen dich dazu, dass du rascher auf die Fährte des *Genies* kommst.

Die Übungen bauen Schritt für Schritt aufeinander auf. Am besten beginnst du daher von vorne und arbeitest alle Übungseinheiten durch. Die einzelnen Aufgaben innerhalb eines Kapitels steigern sich im Schwierigkeitsgrad. Wenn du also jeweils die letzte Aufgabe erfolgreich gelöst hast, bist du in diesem Bereich schon ziemlich gut! Zum Abschluss kannst du dann noch eine Wörterbuch-Rallye quer durch alle Bereiche absolvieren.
Mit dem Trainingsheft kannst du übrigens ganz selbstständig üben, denn ab Seite 40 findest du die Lösungen zu allen Aufgaben abgedruckt.

Und nun alles Gute und viel Motivation zum Start!

Wolfgang Pramper und Hans Häuser

Orientierungsübungen (Inhalt des Wörterbuches)

Jedes **Inhaltsverzeichnis** ist eine große Hilfe, wenn man sich auf die Suche nach einem bestimmten Kapitel macht. Auch im *SchulWörterBuch* findest du ganz vorne ein Inhaltsverzeichnis. Das Buch besteht aus drei Teilen:
- Im ersten Teil bekommst du **Tipps für das Arbeiten mit dem Wörterbuch**.
- Darauf folgt das **Wörterverzeichnis**.
- Der dritte Teil ist der **Anhang**, zu dem es ein eigenes Inhaltsverzeichnis gibt.

1 Schlage **mithilfe des Inhaltsverzeichnisses auf Seite 2** die angegebenen Kapitel auf. Streiche weg, was falsch ist, sodass sich acht richtige Aussagen ergeben.

Kapitel	Aussagen
Zeichenerklärung	Es werden *zwölf* / ~~*vierzehn*~~ / *sechzehn* Abkürzungen erklärt.
Hinweise zum Nachschlagen	Abkürzungen stehen in *runder* / *spitzer* / *eckiger* Klammer.
Wie man Wörter schneller findet	Beim Aufschlagen des Wörterbuches benutze *die Suchhilfe* / *die Grenzwörter* / *das Hauptstichwort* am Seitenrand!
Unregelmäßige Verben	In der Tabelle sind die *zwei* / *drei* / *fünf* Stammformen unregelmäßiger Zeitwörter zusammengefasst.
Wortfamilien	Verwandte Wörter haben *eine gemeinsame Ableitung* / *einen gemeinsamen Begriff* / *ein gemeinsames Stammwort*.
Wortfelder	Das Zeitwort *decken* / *denken* / *danken* ist unter den wichtigen Wortfeldern angeführt.
Tipps für das richtige Schreiben	Nimm dir mindestens *fünf* / *zehn* / *zwanzig* Sekunden Zeit, wenn du dir ein neues Wort einprägen möchtest.
Grundwortschatz für Kinder mit nicht deutscher Muttersprache	Für *spanische* / *italienische* / *türkische* Kinder gibt es einen elf Seiten umfassenden Grundwortschatz.

2 Benütze das Inhaltsverzeichnis, um das folgende Rätsel zu lösen:

1	In der *Einleitung* lernst du einige **Orientierungshilfen** kennen. Wie heißen die beiden Wörter am oberen Rand einer Seite?
2	Schlage nun die *Hinweise zum Nachschlagen* auf. An einer bestimmten Stelle steht, dass **Redewendungen** in Kursivschrift (= nach rechts geneigte Schrift) angegeben werden. Was wird noch in Kursivschrift angegeben?
3	Nun geht's zur *Zeichenerklärung*. Was wird dort außer den **Zeichen** und den **Zusätzen** noch erklärt?
4	Im Inhaltsverzeichnis kannst du nachlesen, wo das **Inhaltsverzeichnis des Anhangs** beginnt. Schlage diese Seite auf. Welches ist das erste Kapitel (blaue Schrift) des Anhangs?
5	Die *unregelmäßigen Verben* sind nun an der Reihe. Suche das Zeitwort *gefallen*. Wie lautet die Mitvergangenheitsform (Präteritum)?
6	Welche *Wortfamilie* wird zu Beginn des Kapitels genau vorgestellt?
7	Das Kapitel *Die deutsche Rechtschreibung* besteht aus sieben Abschnitten. Dazu gehören auch die **Tipps für das richtige Schreiben**. Mache dich nun auf die Suche nach den **häufigsten Stolpersteinen**. Dort erfährst du, wo der Riss ist, der repariert werden muss.
8	Die letzte Station ist der *Grundwortschatz für Kinder mit nicht deutscher Muttersprache*. Was heißt *bald* auf Serbisch oder Kroatisch oder Bosnisch?
9	Wie sagt man in Rumänien, wenn jemand *brav* ist?
10	Und welches Wort verwendet man in der Türkei für *frech*?

1	G	R					E	R
2			I	C	H			
3		K	Ü		Z	U		
4	W				R	T		
5			F		L			
6	S			C	H			
7			Ä	U	D			
8			O		O			
9			M	I	N			
10		Ü		A				

Die Buchstaben in den grauen Kästchen ergeben, wenn du sie von oben nach unten liest, ein Lösungswort:

3 Versuche mithilfe der beiden Inhaltsverzeichnisse das folgende Rätsel zu lösen:

1	*Die deutsche Rechtschreibung* ⇨ **Tipps für das richtige Schreiben** ⇨ Die häufigsten Stolpersteine der österreichischen Schülerinnen und Schüler: *Er war am Schluss der Geschichte tot.*
2	*Sprachvarietäten*: So wird die Hoch- oder Schriftsprache noch bezeichnet

3	*Die deutsche Rechtschreibung* ⇨ **Tipps für das richtige Schreiben** ⇨ Die häufigsten Stolpersteine der österreichischen Schülerinnen und Schüler: *Diese Schuhe brauche ich zum Laufen.*
4	*Zeichenerklärungen*: ugs. ist die Abkürzung des Wortes.
5	*Wortfamilien*: Ein Hauptwort gehört der Wortfamilie „fühlen" an.
6	*Hinweise zum Nachschlagen*: Sie und Sprichwörter werden in Kursivschrift (nach rechts geneigte Schrift) angegeben.
7	*Wortfelder*: Dieses Wort des Wortfeldes „essen" beginnt mit l.
8	*Die deutsche Rechtschreibung* ⇨ **Getrennt schreiben oder zusammenschreiben?** ⇨ Zusammensetzungen mit Nomen: *Ein zusammengesetztes Hauptwort, in dem sich zwei Zahlen versteckt haben.*
9	*Einleitung*: Diese Wörter sind fett hervorgehoben und herausgerückt.
10	*Grundwortschatz für Kinder mit nicht deutscher Muttersprache*: So heißt „Schnee" auf Serbisch.
11	*Unregelmäßige Verben*: Die Mitvergangenheitsform (Präteritum) des Verbs „schwören".
12	*Hinweise zum Nachschlagen*: Mit dieser Farbe werden bei Doppelschreibungen jene Wörter hinterlegt, deren Schreibung vorzuziehen ist.
13	*Wortarten* ⇨ **Das Adverb**: Es gibt für diese Wortart auch eine deutsche Bezeichnung.
14	*Die deutsche Rechtschreibung* ⇨ **Eigennamen und feste Begriffe**: *Er war der Streitbare.*
15	*Grundwortschatz für Kinder mit nicht deutscher Muttersprache*: Das antwortet dir ein türkisches Kind, wenn du es fragst, was „krank" auf Türkisch heißt.

Die Buchstaben in den grauen Kästchen ergeben, wenn du sie von oben nach unten liest, ein Lösungswort:

Stichwörter-Allerlei

Das Stichwörter-Allerlei besteht aus zwei Übungen, bei denen du so richtig ins Blättern kommen sollst. Aber ganz ohne Aufgaben geht's natürlich nicht.
Schlage die angegebenen Seiten auf, lies die Angaben genau durch und trage die Lösungen in die Rätselfelder ein!
Wenn alles passt, erhältst du jeweils ein Lösungswort.

1

NR.	SEITE	ANGABE
1	340	In diesem Stichwort halten sich Eidechsen und Schlangen auf.
2	101	Ein einziges Tier (ein männliches) befindet sich auf dieser Seite.
3	196	Dieses Wort hat mit Nordeuropa zu tun.
4	222	Zur Wortfamilie dieses Hauptstichwortes gehören sieben Stichwörter.
5	74	Ein einziges Wort mit -tt- gibt es auf dieser Seite.
6	11	Für dieses bundesdeutsche Wort verwenden wir „Matura".
7	124	Am Ende dieses Wortes steht ein -m.
8	396	In diesem Stichwort hat sich das Wörtchen „alt" versteckt.

1					U	M
2		P				
3		P			D	
4	Ü					
5				L		
6			U	R		
7		H		M		
8			E	N		

Die Buchstaben in den grauen Kästchen ergeben, von oben nach unten gelesen, das Lösungswort, das mit unserem Wörterbuch zu tun hat:

NR.	SEITE	ANGABE
1	350	Auf dieser Seite gibt's einen veralteten Ausdruck für 20- bis 29-Jährige.
2	277	Das Wörtchen „und" hat sich in diesem Wort versteckt.
3	210	In der rechten Spalte ist es das dritte Hauptstichwort von unten.
4	200	Aus acht Buchstaben besteht dieses Wort.
5	398	Es ist das einzige mundartliche Wort auf dieser Seite.
6	145	Dieses Hauptstichwort besitzt die meisten Buchstaben.
7	279	Von diesem Fremdwort wird in der eckigen Klammer die Aussprache angegeben.
8	165	Auf dieser Seite kommen vier Länder vor, aber nur eines enthält ein -t-.
9	220	Bei diesem Wort handelt es sich um ein umgangssprachliches Wort.
10	232	In der linken Spalte ist es das siebente Hauptstichwort von oben.

Die Buchstaben in den grauen Kästchen ergeben, von oben nach unten gelesen, das Lösungswort, das mit unserem Wörterbuch zu tun hat:

Reimwörter suchen

Wenn Wörter **gleich klingende Endsilben** aufweisen, spricht man von einem **Reim** (z.B. „Wald" – „bald").
Schlage die angegebenen Seiten auf, suche zu den Wörtern der linken Spalte die passenden Reimwörter und trage sie ein:

1

Wort	Seite im Wörterbuch	Reimwort
Klappe	209 / rechte Spalte	*Mappe*
Nickel	248 / linke Spalte	
Ziegel	341 / rechte Spalte	
Weiler	174 / rechte Spalte	
Banause	418 / rechte Spalte	
Ozelot	24 / linke Spalte	
Existenz	184 / linke Spalte	
Sonne	343 / linke Spalte	
leben	46 / rechte Spalte	
marschieren	143 / rechte Spalte	

2

Wort	Seite im WB	Reimwort	Seite im WB	Reimwort
Wippe	313	*Sippe*	203	*Lippe*
Traufe	292		338	
genesen	318		201	
elegant	258		217	
Auerhahn	208		372	
Struwwelkopf	404		191	
Flanell	130		350	
Siegel	341		159	
Hierarchie	183		45	
Kemenate	343		170	
Basalt	21		396	
Zoo	179		406	

Ordnen nach dem ABC

1

Trage die fehlenden Buchstaben, nach dem ABC geordnet, ein:

Dieses Wort finde ich im Wörterbuch auf Seite _____.

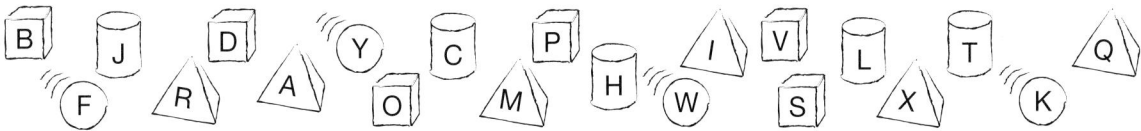

Trage die fehlenden Buchstaben, nach dem ABC von hinten nach vorne geordnet, ein:

Dieses Wort finde ich im Wörterbuch auf Seite _____.

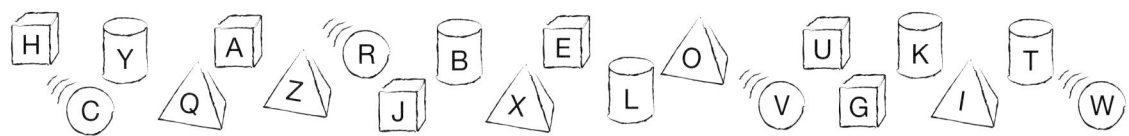

Trage die fehlenden Buchstaben so ein, dass sich ein Wort ergibt, das du auf Seite 143 finden kannst:

| H | A | | | A | | | |

2 Ordne die folgenden 15 Hauptstichwörter nach dem ABC und schreibe die Reihenfolge in die linke Spalte:

	STICHWORT	SEITE	
	Lust		
	teuer		
	hässlich		
	lieben		
	Sport		
	dann		
	bequem		
	Gebirge		

	Stichwort		
	Forelle		
	tüchtig		
	prima		
	höflich		
	angenehm		
	Direktion		
	Urzeit		

Schlage diese Wörter nun nach und trage die Seitenzahlen ein.
SELBSTKONTROLLE:
Ordne in der **rechten** Spalte die Zahlen der Reihe nach. Wenn die Reihenfolge der Zahlen in der linken Spalte mit der in der rechten Spalte übereinstimmt, hast du richtig gereiht.

3 Ordne die folgenden 15 Zeitwörter nach dem ABC und schreibe die Reihenfolge in die linke Spalte:

	STICHWORT	SEITE	
	fressen		
	flüstern		
	merken		
	fahren		
	melken		
	meiden		
	fliehen		
	fühlen		
	mischen		
	feilschen		
	mögen		
	mahlen		
	fordern		
	bedeuten		
	fortlaufen		

Schlage diese Wörter nun nach und trage die Seitenzahlen ein.
SELBSTKONTROLLE:
Ordne in der **rechten** Spalte die Zahlen der Reihe nach. Wenn die Reihenfolge der Zahlen in der linken Spalte mit der in der rechten Spalte übereinstimmt, hast du richtig gereiht.

4 Ordne die folgenden zwölf Stichwörter nach dem ABC und schreibe die Reihenfolge in die linke Spalte:

	STICHWORT	SEITE	
	schamponieren		
	Situation		
	stapfen		
	siezen		
	Schraube		
	Seeadler		
	saugen		
	Stapel		
	Schindel		
	Schiene		
	schreiben		
	Seele		

Schlage diese Wörter nun nach und trage die Seitenzahlen ein.
SELBSTKONTROLLE:
Ordne in der **rechten** Spalte die Zahlen der Reihe nach. Wenn die Reihenfolge der Zahlen in der linken Spalte mit der in der rechten Spalte übereinstimmt, hast du richtig gereiht.

5 Sind die Wörter richtig nach dem ABC geordnet (✓ dazu machen), oder haben sich Fehler eingeschlichen (**f.** dazu schreiben)?
Du kannst, wenn du unsicher bist, dein Wörterbuch verwenden.

Anfrage – Bahn – Form – indirekt – Narzisse – Punkt – Specht – Westen	✓
Organisation – Organ – Pastete – Pause – Radius – Radio – von – vom	
Gimpel – Gitarre – Ginster – Joker – Joystick – Fisole – Fisch – Flanell	
Kino – Kirche – Klage – Klammer – kleben – Kloster – knapp – Kobra	
Schar – scharf – Schauer – Segen – Seite – Saite – Steg – steil – Sperre	

Bringe dort, wo du Fehler entdeckt hast, die Wörter in die richtige Reihenfolge, indem du die Nummern darüber schreibst.

Zwischen den Grenzwörtern

Das Inhaltsverzeichnis deines Wörterbuches informiert dich, auf welcher Seite das Kapitel *Wie man Wörter schneller findet* beginnt.
Dort kannst du nachlesen, was mit dem Begriff *Grenzwörter* gemeint ist:

Grenzwörter = das _____ und das _____ Wort jeder Seite.

Grenzwörter sind oben in der _____ angegeben.

1 Grenzwörter der Seite 44: *Ballerina ⇨ Bann*

Grenzwörter der Seite 200: _____

Grenzwörter der Seite 353: _____

Schreibe auf, zwischen welchen Grenzwörtern die folgenden Stichwörter stehen:

Scheibe _____

Mühle _____

unbezahlbar _____

Baldrian _____

Formel _____

2 Löse die Aufgaben mithilfe der angegebenen Grenzwörter:

AUFGABE	ANTWORT
Dieser Staat in Osteuropa befindet sich zwischen den Grenzwörtern *lesbar ⇨ Licht*.	
Zwischen *Observation ⇨ ohne* findest du eine Abkürzung, die mit unserem Fußball zu tun hat.	
Ein Fisch, der zwischen *weit ⇨ Weltall* schwimmt.	
Zwischen *Knappe ⇨ knüllen* gibt es ein einziges Hauptstichwort mit äu.	
Ein Hauptstichwort, das kein Hauptwort ist, besteht aus sieben Buchstaben – zwischen *Halm ⇨ Handarbeit*.	
Wenn man überrascht ist, ruft man aus, was zwischen *Porto ⇨ prägen* steht (zweiteilig).	
Sie sind lang und dünn, die Lieblingsspeise von vielen und befinden sich zwischen *sondern ⇨ Spalt*.	
In diesem Hauptstichwort zwischen *überkommen ⇨ überrunden* ist die Nacht versteckt.	
Es ist das kürzeste Hauptstichwort zwischen *annehmen ⇨ anschwellen*.	
Ein Tierwissenschaftler (kein Hauptstichwort) hat sich zwischen *zirpen ⇨ zu* versteckt.	

3 Streiche jene Wörter durch, die **nicht** zwischen den angegebenen Grenzwörtern vorkommen. Vielleicht klappt es ohne Wörterbuch?

dösen ⇨ drehen	Dotter – Dress – draußen – Drache – drei – Dose – draus – Dirigent – Drang – Dr.
Holland ⇨ Horn	Hornisse – Homepage – holen – holpern – hohl – Honig – Horde – Holunder – hören – Horst
Passion ⇨ Pause	Patient – Parmesan – Pastete – passen – Pavian – Passat – Patrone – Paket – Patriot – Pasta

4 Welche fünf Hauptstichwörter zwischen *vergammeln* ⇨ *verhalten* sind *Hauptwörter*?

_____

Welche drei Hauptstichwörter zwischen *Spektakel* ⇨ *spielend* sind *Zeitwörter*?

_____

Welche vier Hauptstichwörter zwischen *flatterhaft* ⇨ *Flipchart* sind *Eigenschaftswörter*?

_____

Bei etlichen Wörtern gibt es eine Doppelschreibung, wobei die Vorzugsvariante blau unterlegt ist.
Bei welchen drei Wörtern zwischen *hapern* ⇨ *Haue* gibt es eine Doppelschreibung?

_____

_____

Zu Stichwörtern, die blau hervorgehoben sind, gibt es blaue Info-Kästen.
Zu welchen Stichwörtern zwischen *I* ⇨ *Laken* gibt es Informationen?

_____

_____

Nachschlagen und rechnen

1 Schlage die Stichwörter nach und notiere die Seitenzahlen:

Arbeit	
Durst	
Eiscreme	
backen	

Wenn du die vier Seitenzahlen zusammenzählst, erfährst du, wie hoch der Donauturm in Wien ist: _____ m

2 Schlage die Stichwörter nach und notiere die Seitenzahlen:

Spiegel		jemand	
Oberösterreich		BMX-Rad	
Kohle		Abstieg	
Vormittag		gedenken	

Wenn du die acht Seitenzahlen zusammenzählst, erhältst du das Jahr, in dem Christoph Kolumbus Amerika erreicht hat: _____

3 Schlage die Stichwörter nach und notiere die Seitenzahlen:

unüberbrückbar		wetterfühlig	
kämmen		Schlussphase	
Raumkapsel		Johannisbeere	
Gully		Vifzack	
Halstuch		heranwachsen	
forschen		PS	

Die Summe der zwölf Seitenzahlen ergibt die Länge der Donau:

_____ km

Zweiter Teil gesucht!

Wenn du die folgenden Wortanfänge in deinem *SchulWörterBuch* gefunden hast, kannst du auch den zweiten Teil hinzufügen:

1.
- Peit
- Adl
- Rüf
- Koor
- Tsche
- vorver
- Fitt
- sess

2.
- Zäpf
- Bia
- Yan
- Mata
- Köpf
- orden
- Diri
- Flun
- Harle
- Nou

3.
- quick
- knos
- ultrav
- Gondo
- Vig
- Eld
- polt
- murk
- nons
- jord
- bohn
- Zutra

4. Aus den Wortteilen des Kastens ① und des Kastens ② kannst du zusammengesetzte Stichwörter bilden, die im Wörterbuch stehen:

① Blick – Fall – Getreide – Knollen – Leder – Lorbeer – Original – Steig – Wende – Ziel

② baum – ergänzung – fassung – gruppe – leitung – nase – punkt – silo – waren – winkel

Notiere die zehn Wörter und schreibe in Klammer die Seitenzahl dazu:

5. Aus den Wortteilen des Kastens ① und des Kastens ② kannst du zusammengesetzte Stichwörter bilden, die im Wörterbuch stehen:

① arbeits – berufs – fett – hinter – kopf – maß – not – putz – über – zwie

② arm – gedrungen – gründig – lichtig – los – munter – stabgetreu – tätig – willig – zählig

Notiere die zehn Wörter und schreibe in Klammer die Seitenzahl dazu:

Auf Artikelsuche

In deinem Wörterbuch findest du unmittelbar nach jedem Nomen (Hauptwort) den Artikel, der das Geschlecht des Nomens angibt.

1. Schlage nun die folgenden Nomen nach und setze die passenden Artikel davor:

a) _____ Teller, _____ Firnis, _____ Benzin, _____ Kleinod, _____ Metropole, _____ Pumpernickel, _____ Paradeiser, _____ Bewandtnis, _____ Kiefer (Nadelbaum), _____ Eldorado

b) _____ Harm, _____ Löss, _____ Terrakotta, _____ Zeder, _____ Rabatte, _____ Asbest, _____ Wisent, _____ Drift, _____ Fata Motgana, _____ Füllen, _____ Getto, _____ Konvikt

2. Es gibt gar nicht so wenige Nomen, bei denen zwei Geschlechter gelten. Der zuerst genannte Artikel wird häufiger verwendet. Überzeuge dich selbst:

___/___ Meter, ___/___ Virus, ___/___ Yoga/Joga,

___/___ Liter, ___/___ Viadukt, ___/___ Sandwich,

___/___ Spreißel, ___/___ Quiz, ___/___ Terpentin,

___/___ Abszess, ___/___ Sellerie, ___/___ Aerobic

Aus eins mach zwei oder drei … (Mehrzahlformen)

Im Wörterbuch steht gleich nach dem Artikel eines Nomens die Mehrzahlform.
→ **TIPP:** Siehe *Hinweise zum Nachschlagen* (Seite 4)!

1. Schlage die Nomen nach und trage die Mehrzahlformen ein:

a) der Schluss *die Schlüsse*   der Zirkus _____

    das Ende _____   das Konfekt _____

    die Flur _____   die Pension _____

b) das Raster *die Raster* c) der Zar *die Zaren*

   der Kürbis _____   das Kleinod _____

   der Otter _____   das Rumpsteak _____

   das Plasma _____   der/das Schnipsel _____

   die Regatta _____   die Schank _____

   das Terrarium _____   das Original _____

   der Iltis _____   die Optik _____

   die Akelei _____   die Semmel _____

                                                                    der Knödel _____

                                                                   das Drama _____

2. Manchmal gibt es zwei mögliche Mehrzahlbildungen, von denen die erste die üblichere ist:

der Schalk *die Schalke/Schälke*

der Globus _____

das Mineral _____

der Atlas _____

das Ren _____

der Pudding _____

das Serum _____

der Toast _____

der Salto _____

der Spurt _____

der Karton _____

das Mammut _____

der Torso _____

das Cembalo _____

die Fata Morgana _____

3. Wenn ein Nomen nur als Einzahlwort vorkommt, ist es mit *Ez.* gekennzeichnet. Mit *Mz.* ist es gekennzeichnet, wenn es nur eine Mehrzahlform gibt.

- **Kreise** die Nomen, die **nur in der Einzahl** vorkommen, **rot ein**.
- **Kreise** die Nomen, die es **nur in der Mehrzahlform** gibt, **blau ein**.
- **Vier Nomen**, die in der Einzahl und Mehrzahl vorkommen, **bleiben übrig!**

Internet – Ohnmacht – Pfingsten – Gemüse – Mut – Quecksilber – Tod –

Alpen – Obst – Drang – Gott – Masern – Rahm – Eltern – Weihrauch

Wie schreib ich's richtig?

1. Drei Schreibweisen, aber nur eine oder zwei stimmen.
Dein *SchulWörterBuch* hilft dir, dass du die richtigen Schreibweisen ankreuzen kannst:

Risi-Pisi ☐	Selchkaree ☐	terassenförmig ☐
Rissi-Pissi ☐	Selchkarre ☐	terrassenförmig ☐
Risi-Pissi ☐	Selchkarree ☐	terrasenförmig ☐
Reperatur ☐	Pyama ☐	Wallfahrtsort ☐
Reparratur ☐	Pyjama ☐	Wahlfahrtsort ☐
Reparatur ☐	Pyjamer ☐	Walfahrtsort ☐
Flosfahrt ☐	Buschenschenke ☐	selbstständig ☐
Flossfahrt ☐	Buschenschänke ☐	selbststendig ☐
Floßfahrt ☐	Buschenschencke ☐	selbständig ☐
Billiardspieler ☐	Zwergfell ☐	nachause ☐
Bilardspieler ☐	Zwerchfell ☐	nachhause ☐
Billardspieler ☐	Zwerckfell ☐	nach Hause ☐
Missmuschel ☐	Voradelberg ☐	Kollission ☐
Mießmuschel ☐	Vorarlberg ☐	Kolission ☐
Miesmuschel ☐	Voradlberg ☐	Kollision ☐
Fritattensuppe ☐	Legasthenie ☐	Ribisselmarmelade ☐
Fritatensuppe ☐	Legastenie ☐	Ribiselmamelade ☐
Frittatensuppe ☐	Legesthanie ☐	Ribiselmarmelade ☐
Gynasium ☐	Rhythmus ☐	Jokurt ☐
Gyminasium ☐	Rythmus ☐	Joghurt ☐
Gymnasium ☐	Rhytmus ☐	Jogurt ☐

2. In jedes Stichwort hat sich ein Buchstabe eingeschmuggelt. Beim Nachschlagen im Wörterbuch wirst du diese Buchstaben bestimmt entdecken.
Markiere sie – es ergibt sich von oben nach unten ein Eigenschaftswort, das auf deine Leistung zutrifft:

LIPPTAUER
REGIENT
TACKELAGE
OBLIOGAT
KORBMORAN
DIEWAN
GUPFL
NALDERER
HOROTENSIE

Deine Leistung ist wirklich _____ !

3. Diesmal wurden Buchstaben vergessen. Schreibe die Wörter richtig auf. Aus den ergänzten Buchstaben erhältst du wiederum ein auf deine Leistung zutreffendes Eigenschaftswort:

DEKOLLTEE *Dekolletee*   SCHINKEL _____

KORIDOR _____   WALROSE _____

INHALTANGABE _____   BASSCHLÜSSEL _____

WATENMEER _____   TERRARUM _____

LARITZE _____   MESCHUGE _____

RALYEFAHRERIN _____

Bravo, das war _____ !

Länder-Suchaktion

Im *SchulWörterBuch* kannst du die Namen zahlreicher Länder finden.
15 davon haben sich im Raster versteckt.
Suche sie waagrecht →, senkrecht ↓ und diagonal ↘ und markiere sie mit einer hellen Farbe.
Trage sie in die Tabelle auf Seite 20 ein und füge mithilfe des Wörterbuches hinzu, auf welchem Teil der Erde (Osteuropa, Mittelamerika, Südamerika, Afrika, Ostasien …) sich diese Länder befinden.
Du kannst auch die Hauptstädte dazuschreiben. Schlage im Atlas bzw. im Lexikon nach oder benutze das Internet.

A	Ä	G	Y	P	T	E	N	B	C	F	G	H	I	J	L
S	R	M	Ö	S	T	H	E	H	E	R	I	C	I	H	E
L	U	A	E	W	C	M	N	B	S	T	V	W	N	Y	T
O	P	B	N	X	O	H	D	J	A	P	A	N	D	K	T
W	Q	U	A	K	I	S	I	S	N	A	R	D	I	Ü	L
A	Z	U	F	A	L	K	G	L	X	C	H	J	E	H	A
K	A	T	Z	U	N	D	O	M	E	A	U	S	N	L	N
E	Z	A	R	G	E	N	T	I	N	I	E	N	A	K	D
I	A	P	F	B	I	R	L	P	F	I	R	S	M	A	R
K	R	O	K	O	B	Ä	I	R	I	C	H	I	N	A	G
S	E	R	B	I	E	N	B	U	T	T	E	N	P	A	P
F	L	O	S	C	H	Y	Y	F	I	N	N	L	A	N	D
U	P	A	D	E	F	R	E	V	M	C	K	E	Ö	F	F
G	E	H	I	E	M	A	N	U	R	T	J	A	S	C	H
I	R	M	A	M	A	R	O	K	K	O	L	A	D	O	U
R	U	C	E	T	L	G	L	B	U	K	R	A	I	N	E

LAND	NR.	LAGE	HAUPTSTADT
Serbien		Südosteuropa	Belgrad
F			
L			
S			
P			
L			
Ä			
U			
J			
I			
A			
M			
M			
Ch			
Ch			

Kannst du diese Länder alphabetisch ordnen?
Nummeriere sie von 1 bis 15.

Aus dem Alltag

Im *SchulWörterBuch* gibt es eine ganze Reihe von umgangssprachlichen Wörtern (in Klammer mit *ugs.* gekennzeichnet) und mundartlichen Ausdrücken (*mundartl.*).

1. Schreibe zu den folgenden umgangssprachlichen Wörtern deine eigenen Erklärungen und danach die Erklärungen, die im Wörterbuch stehen:

STICHWORT	EIGENE ERKLÄRUNG	ERKLÄRUNG IM WÖRTERBUCH
trenzen		
Stuss		
Racker		
Bim		
fretten		
Kriecherl		
Lulatsch		
meschugge		
deichseln		
bremseln		
lasch		
fies		

2. Zu den 14 mundartlichen Ausdrücken gibt es jeweils drei „Übersetzungen", von denen aber nur eine stimmt. Diese ist zu markieren:

Waserl • kleines Bächlein • Wässerchen • unbeholfener Mensch	**pomali** • langsam • fettig • schlecht
Sumper • dröhnendes Geräusch • Stoß • Nichtskönner	**zizerlweis** • ab und zu • nach und nach • in einem fort

Bamperletsch • Mischmasch • Gemüsebrei • kleines Kind	**Gugerschecken** • Sommersprossen • geflecktes Pferd • Mehlspeise
letschert • ungeschickt • schlapp • ungelenk	**matschkern** • zerstampfen • nörgeln • verschmieren
gneißen • sich zurückziehen • aufgeben • verstehen	**Plutzer** • Kürbis • Blödsinn • Patzer
notig • notwendig • geizig • fleißig	**Zwutschkerl** • auffallend kleine Person • kleine Zwetschken • lästige Person
urassen • schnell fahren • verschwenden • ausreißen	**Techtelmechtel** • Durcheinander • Streiterei • Liebesaffäre

Nehmen wir eine Abkürzung?

Es gibt zahlreiche Wörter oder Wortgruppen, die in abgekürzter Form dargestellt werden. Daher schreibt man *z.B.* statt *zum Beispiel* oder *Abk.* statt *Abkürzung*.

1. Im *SchulWörterBuch* findest du die folgenden Abkürzungen, daneben die Wörter und Wortgruppen, für die diese Abkürzungen stehen:

Dir.	Direktor	zz.	
BLZ		a.Z.	
PLZ		Abf.	
usf.		i.A.	
Vbg.		KKW	

2. Etliche Abkürzungen stehen für englische Wörter oder Wortgruppen, deren deutsche Bedeutung meist in Klammer angegeben wird:

SMS	*Short Message Service*	*Kurznachricht beim Mobilfunk*
k.o.		
VIP		
UNO		
FAQ		
GPS		
NGO		
WAP		
SOS		

3. Welcher Aussage können die folgenden Abkürzungen wohl zugeordnet werden?

1	ÖFB	5	AG	9	SB
2	w.o.	6	z.b.V.	10	MEZ
3	NOK	7	VHS	11	GAU
4	ICE	8	UNICEF	12	BGBl.

	Diese Himbeeren werden ausschließlich für die Herstellung von Marmelade verwendet.		Mit unseren Spenden wird Kindern in Entwicklungsländern geholfen.
	Wenn es bei uns 12 Uhr ist, ist es z.B. in Ungarn auch 12 Uhr.	1	Kevin ist ein begeisterter Fußballer, er möchte gerne in einem Verein spielen.
	Familie Hübner fährt gerne mit der Bahn.		Es kann nicht ausgeschlossen werden, dass es nie zu einem Unfall in einem Atomkraftwerk kommt.
	In den Großkaufhäusern wird man nicht bedient.		Einige Schülerinnen und Schüler der 4A arbeiten gemeinsam an einem Projekt.
	Susanne musste aufgeben, sie konnte wegen einer Verletzung das Tennismatch nicht mehr bestreiten.		Markus Rogan wird vielleicht zu den nächsten Olympischen Spielen entsandt.
	Wer sich nicht an die Gesetze hält, kann bestraft werden.		Meine Schwester besucht dort einmal pro Woche nach der Arbeit einen Italienischkurs.

Wortgruppen ergänzen

Vielen Stichwörtern deines Wörterbuches sind Beispiele beigefügt, die der Erweiterung deines Wortschatzes dienen sollen (z.B. **baumeln** mit den Füßen baumeln).
Schlage die Verben (Zeitwörter) des Wörterkastens nach und ergänze damit die Wortgruppen.

1.

*abschreiben – erzählen – nacherzählen – ordnen – purzeln
spazieren – stürzen – überprüfen – wandern ✓ – waten*

um den See *wandern*	eine Rechnung
langsam durch die Stadt	vom Nachbarn
von der Brücke	eine Sage
vom Stuhl	eine Geschichte
die Akten	durch den Sumpf

2.

*abwehren – akzeptieren – befrieden – besiegen – dulden
einatmen – häkeln – inhalieren – klöppeln – panieren
parieren – spicken – verhaften – verteidigen ✓*

den Angeklagten *verteidigen*	einen Schlag
Dämpfe	das Schnitzel
seine Feinde	Spitzen
das Fleisch	ein Spitzendeckchen
einen Gegner	den Täter
Giftgase	den Vorschlag
ein Land	keinen Widerspruch

Es war einmal …

Im Wörterverzeichnis des *SchulWörterBuches* sind die Verben im Infinitiv (Nennform) angegeben: suchen, trinken, laufen, schillern …
Aber du erfährst natürlich, wie ein Verb z.B. im Präteritum (Mitvergangenheit) oder im Perfekt (Vergangenheit) lautet und geschrieben wird, z.B.: ***bitten*** er bittet mich, er bat um Hilfe, sie hat gebeten.

→ **TIPP:** Unregelmäßige Verben sind zusätzlich in einer Tabelle ab Seite 434 zusammengefasst. Sollte einmal kein Beispiel angeführt sein, handelt es sich um ein regelmäßiges Verb, dessen Stammformen sich kaum verändern: *lauschen* – lauschte – gelauscht.

Schlage nun die in Klammern angeführten Infinitive nach und bilde das Präteritum:

Der dumme Vulkan

Es _____ (sein) einmal ein Vulkan, der war sehr berühmt, weil er alle zehn Minuten einen Ausbruch hatte, bei dem er feurige Lava in die Luft _____ (schleudern). Die Leute _____ (kommen) von weither, um ihn zu bewundern, und ihm _____ (gefallen ▶ fallen) es, wie alle „Aaaaah!" _____ (rufen), wenn seine Ladung in die Höhe _____ (gehen), vor allem nachts. Leider war er aber sehr dumm und _____ (finden), er sei noch zu wenig berühmt. Fast nie _____ (sehen) man ihn im Fernsehen, und auch die Zeitungen _____ (schreiben) nur selten über ihn. Da _____ (denken) er sich etwas aus, wie er noch berühmter werden könnte.

Es war bekannt, dass er seine Ladung immer auf den linken Rand des Kraters fallen _____ (lassen), von wo sie dann mit großem Gepolter über eine lange Geröllhalde bis ins Meer _____ (hinunterkollern ▶ kollern). Deshalb _____ (stehen) die Leute, die ihm zuschauten, immer auf der rechten Seite des Kraters. Es _____ (geben) dort sogar einen kleinen Kiosk, an dem man Eis, Getränke und Postkarten von Ausbrüchen kaufen _____ (können). So war niemand darauf gefasst, als der Vulkan eines Tages seine Lava plötzlich auf den rechten Rand fallen ließ. Über hundert Leute kamen ums Leben. Dutzende _____ (bleiben) unverletzt, und der Kiosk wurde vollkommen zerstört. Aber man muss zugeben: Jetzt waren die Zeitungen auf der ganzen Welt voll mit Bildern vom Vulkan, im Fernsehen _____ (erscheinen ▶ scheinen) er in langen Sendungen, und Menschen in weit entfernten Ländern, die vorher noch nie seinen Namen gehört hatten, _____ (sprechen) jetzt von ihm wie von einem alten Bekannten. Ja, manchmal haben auch die Dummen recht.

Quelle: Hohler, Franz. Der Granitblock im Kino. Ravensburger Buchverlag Otto Maier GmbH, 1993

4 x 10 Redewendungen

Eine **Redewendung** ist eine Verbindung von mehreren Wörtern, deren Inhalt aber nicht wörtlich zu nehmen ist, sondern eine bestimmte übertragene Bedeutung hat.
Redewendungen werden im *SchulWörterBuch* in *Kursivschrift* (= nach rechts geneigte Schrift) angegeben.

1. Schlage die zehn Stichwörter im Kasten in deinem Wörterbuch nach und fülle die Lücken, sodass sinnvolle Redewendungen entstehen:

Amen – Asche – ausbeißen – Finger – Geld – Karte lachen – Nebel – Riemen – Socken

alles auf eine _____ setzen

bei Nacht und _____

das ist so sicher wie das _____ im Gebet

den _____ enger schnallen

durch die _____ schauen

sein _____ zum Fenster hinauswerfen

sich _____ aufs Haupt streuen

sich auf die _____ machen

sich die Zähne an etwas _____

sich ins Fäustchen _____

2. Welche Bedeutungen haben die zehn Redewendungen?
Setze die passende Nummer davor.
→ **TIPP:** Die fett gedruckten Stichwörter nachschlagen!

REDEWENDUNGEN		BEDEUTUNGEN
an jemandem einen **Narren** gefressen haben	1	das ist unerhört
auf der **Hut** sein	2	jemanden sehr mögen
auf eigenen **Beinen** stehen	3	jemanden täuschen
das geht auf keine **Kuhhaut**	4	leichtsinnig werden
etwas unter den **Tisch** kehren	5	ohne Hintergedanken sein
jemandem ein **X** für ein U vormachen	6	selbstständig sein
mit **Blindheit** geschlagen sein	7	sich aus etwas herauswinden
mit **offenen** Karten spielen	8	sich in Acht nehmen
sich aus der **Affäre** ziehen	9	über etwas nicht sprechen
über die **Stränge** schlagen	10	Wichtiges nicht erkennen

3. Schlage die zehn Stichwörter im Kasten in deinem Wörterbuch nach und fülle die Lücken, sodass sinnvolle Redewendungen entstehen.
Ordne den Redewendungen auch die passenden Bedeutungen zu:

Denkzettel – Elfenbeinturm – Gebet – Gewalt – Kalb
Klartext – Knie – Ohren – Licht – Wein

REDEWENDUNGEN		BEDEUTUNGEN
die _____ spitzen	1	aufmerksam zuhören
im _____ sitzen	2	deutliche Worte finden
jemandem einen _____ verpassen	3	die Wahrheit sagen
jemandem reinen _____ einschenken	4	geldgierig sein
jemanden hinters _____ führen	5	jemandem ins Gewissen reden
jemanden ins _____ nehmen	6	jemanden betrügen
_____ reden	7	jemanden strafen
sich in der _____ haben	8	nicht vorschnell handeln
um das goldene _____ tanzen	9	sich beherrschen
nichts übers _____ brechen	10	weltfremd leben

4. Die folgenden Redewendungen wurden so kräftig geschüttelt, dass die fett gedruckten Wörter durcheinandergekommen sind. Mithilfe des *SchulWörterBuches* kannst du sie bestimmt wieder richtigstellen.
Streiche das falsche Wort durch und schreibe das richtige darüber.

aus lauter **Hopfen** und Tollerei
Hopfen

bei jemandem ist **Jux** und Malz verloren

den **Apfel** umdrehen

den **Bären** abschießen

der **Spieß** fällt nicht weit vom Stamm

die **Axt** fallen lassen

die **Fahne** aus dem Sack lassen

jemandem einen **Vogel** aufbinden

seine **Katze** nach dem Wind drehen

wie die **Maske** im Walde

Bedeutungen herausfiltern

Zahlreiche Stichwörter werden im *SchulWörterBuch* in Form von Beispielen erklärt. Die Bedeutungen stehen in der Klammer. Ergänze die Bedeutungen.

Beispiel: *Inbegriff:* sie gilt als Inbegriff (Musterbeispiel) einer Sportlerin

⇨ Inbegriff = Musterbeispiel

1.

STICHWORT	BEDEUTUNG
klamm	durch Kälte steif
überflüssig	
vehement	
Statuten	
quirlig	
penetrant	
lancieren	
horrend	
fair	
bibbern	
nachhaltig	
Pardon	

2.

STICHWORT	BEDEUTUNG
anzüglich	zweideutig, anstößig
drastisch	
Kante	
gebauchpinselt	
imprägnieren	
Manier	
obskur	
weilen (Verb)	
zerfleddert	
sickern	
Qualitäten	
lukullisch	

Fremde Wörter

Dir geht's wahrscheinlich auch oft so, dass dir ein Wort nicht geläufig oder dessen Bedeutung nicht bekannt ist.
Wie gut, dass es das *SchulWörterBuch* gibt, in dem viele dieser Wörter erklärt werden.

1. Bilde Paare, indem du das Stichwort und die passende Erklärung mit einer Linie verbindest:

Gelatine			Vernunft
	Newsletter		
	letzte Aufforderung		Nachrichtenrundschreiben
Zyklon		Knochenleim	Räson
	unabhängig	Valuta	Suppenschüssel
	senil	Wirbelsturm	autonom
Ultimatum		altersschwach	Terrine
	unbeweglich		ausländische Währung
immobil		frappant	Nonsens
	Unsinn	überraschend	

2. Zu jedem Stichwort werden drei Erklärungen angeboten. Beim Nachschlagen in deinem *SchulWörterBuch* wirst du feststellen, dass nur eine Erklärung stimmt.
Schreibe die elf Wörter, die sich über den richtigen Erklärungen befinden, in der vorgegebenen Reihenfolge auf.
Du erhältst ein Sprichwort, das mit dem Nachschlagen zu tun hat:

Zyklop	WENN	WISSEND	DAHER
	Blume	einäugiger Riese	Wirbelsturm
Takelage	IST,	JEMAND,	GLÜCK,
	Segelausrüstung	schiefe Lage	Schiffsbau
kontinuierlich	MEINT	WER	HILFT
	begrenzt	ununterbrochen	mitteilsam
frugal	MANCHMAL,	ER,	WEISS,
	fruchtbar	furchtbar	einfach
Diskont	KANN	ABER	WO
	hohe Stimmlage	billige Ware	Zinsabzug
basieren	ER	NICHT	DIE
	beruhen	geschehen	ausgehen
Glossar	ARBEIT,	FINDET,	MEHR,
	Randbemerkung	Wörterverzeichnis	Glut
Lapsus	WAS	KOMMT	HILFT
	kleiner Fehler	dumme Bemerkung	Bewohner Lapplands

offerieren	VIELLEICHT	EIGENTLICH	ER
	offen halten	aufmachen	anbieten
Parole	FAST	NICHT	EIN
	Widerstand	Kennwort	spanischer Gruß
selektieren	LICHT.	IMMER.	WEISS.
	ärgern	zerlegen	auswählen

SPRICHWORT: _____

3. Die 15 Fremdwörter im Kasten passen in die Lücken.
Welches Fremdwort aber in welche Lücke passt, das sollst du herausfinden:

ambulant – dezent – extrahieren – Fusion – Glossar – Kataster – Logopädin – Matinee – Neuralgie – Ovationen – permanent – Rayon – suspendieren – transpirieren – Viadukt

Der _____ unseres Briefträgers reicht von der Stadtgrenze bis zur Hafenstraße.

Am Ende des Konzertes gab es für die Sängerin lautstarke _____.

Einmal pro Woche kommt eine _____, die mit Kindern arbeitet,
die Sprachfehler haben.

Aus wirtschaftlichen Gründen kam es zu einer _____ der beiden Unternehmen.

Das Verhalten des Schülers wird immer unerträglicher, denn er stört _____.

Frau Anderwald ist zum wiederholten Mal nicht an ihrem Arbeitsplatz erschienen,
daher wird man sie _____.

Wir sind zur _____ eingeladen, das Konzert beginnt um 10 Uhr.

Petra wird _____ behandelt, sie braucht nicht im Krankenhaus zu bleiben.

Ich wies Frau Hafner ganz _____ darauf hin, dass auf ihrer Bluse ein Fettfleck war.

Im _____ der Gemeinde sind die Grundstücke verzeichnet.

Die Großmutter musste wegen einer _____ schmerzstillende
Medikamente einnehmen.

Da ist leider nichts zu machen, der Zahnarzt muss den Zahn _____.

Manche Menschen _____ schon bei geringsten Anstrengungen.

Im Sachbuch befindet sich ein _____, in dem Stichwörter von A – Z erklärt werden.

Über das enge Tal spannt sich ein _____ aus der Römerzeit.

Beim folgenden Rätsel sollst du die im Wörterbuch in Klammer stehenden Erklärungen der 18 Fremdwörter eintragen.
Die Buchstaben in den grauen Feldern ergeben von oben nach unten ein Lösungswort:

1. Astigmatismus
2. xenophob
3. Plaque
4. Rekapitulation
5. Tramp
6. Kubus
7. Kalligraf
8. Faible
9. Votum
10. Epidemie
11. Shake
12. Eremit
13. säkulär
14. Grandhotel
15. renitent
16. Gourmet
17. Observation
18. Distrikt

LÖSUNGSWORT: _____

Stimmt's oder stimmt's nicht?

Welche Aussagen stimmen und welche falsch sind, bekommst du beim Nachschlagen im *SchulWörterBuch* heraus. Male die passenden Felder an – die Wörter dieser Felder (von oben nach unten) ergeben jeweils ein Sprichwort:

1.

AUSSAGE	STIMMT	STIMMT NICHT
Nougat und *Nugat* – beides ist möglich.	EINE	ZWEI
Die *Bratsche* ist ein Zupfinstrument.	DINGE	FREUDE
Unmittelbar vor dem *Korn* steht *Kork*.	KÖNNEN	VERTREIBT
Der *Quittenkäse* ist eine Marmelade.	HUNDERT	TAUSEND
schwören: Mitvergangenheit ⇨ schwörte	TRÄNEN.	SORGEN.

CHINESISCHE WEISHEIT: _____

2.

AUSSAGE	STIMMT	STIMMT NICHT
Yen ist die chinesische Währung.	WER	NUR
Man schreibt *Stop-Licht*.	DEN	DEM
Zum Wort *Promotion* gibt es eine Aussprachehilfe.	FRÖHLICHEN	MENSCHEN
d.M. ist die Abkürzung von dieser Meinung	LIEBT	BLÜHT
Joghurt kann man mit der, die und das verwenden.	DER	KANN
Die *Bosna* hat etwas mit einer Wurst zu tun.	BAUM	SICH
Man schreibt *geziehmen* und *geziehmend*.	GLÜCKLICH	DES
Die Mehrzahlform von *Egoismus* lautet Egoismen.	LEBENS.	SCHÄTZEN.

SPRUCH VON ERNST MORITZ ARENDT: _____

3.

AUSSAGE	STIMMT	STIMMT NICHT
Es gibt sowohl *Meltau* als auch *Mehltau*.	ALLES	NICHTS
Ein Gedicht kann man *rezitieren*.	NIMMT	IST
Wenn ein *Vulkan* ausbricht, *vulkanisiert* er.	DER	EIN
Diabetes ist ein weibliches Nomen ⇨ die Diabetes.	SCHLECHTE	GUTES
Die Pluralform von *Lametta* heißt Lamettas.	ANFANG	ENDE
Ferner ist eine andere Bezeichnung für Gletscher.	FÜR	MIT
Aus *Bauxit* wird Aluminium gewonnen.	DEN,	DEM,
Die Tage der *Eisheiligen* beginnen am 5. Mai.	DIE	DER
Man kann er *molk* oder er *melkte* sagen.	WARTEN	BLEIBEN
So schreibt man das Wort *Rharbarberkuchen*.	DARF.	KANN.

SPRUCH VON LEO TOLSTOI: _____

Fragen über Fragen

Dank der Erklärungen zahlreicher Stichwörter im *SchulWörterBuch* können die folgenden Fragen beantwortet werden:

FRAGE	ANTWORT
Welches Fleisch wird für ein **Rumpsteak** verwendet?	*Rindfleisch*
In wen ist ein **Narziss** verliebt?	
Welche Kraft hat ein **Fetisch**?	
Was wird beim **Dumping** unterboten?	
Wer wurde zur Zeit des Nationalsozialismus als **Arier** bezeichnet?	
Mit welchen Krankheiten befasst sich die **Psychiatrie**?	
Was reißt ein **Usurpator** an sich, ohne das Recht dazu zu haben?	
Wem wurde zum Dank ein **Votivbild** geweiht?	
An wen musste im Mittelalter der **Zehent** abgegeben werden?	
In welchem Land wird der **Gyros** vorwiegend gegessen?	
Wodurch werden beim **Destillieren** flüssige Stoffe getrennt?	
In welcher Zeit wurde das **Lehen** weitergegeben?	
Was wird im **Boiler** gespeichert?	
Woraus wird der **Quargel** hergestellt?	
Wofür werden bei der **Rasterfahndung** Daten verglichen?	
Welche Zutat außer Fleisch ist beim **Szegedinergulasch** noch wichtig?	
Was soll durch das **Marketing** gefördert werden?	
Welche Ereignisse werden in einer **Chronik** aufgezeichnet?	
Welche Tiere besitzen **Facettenaugen**?	
Wo wird man mit der **Immatrikulation** eingeschrieben?	

Fehlerhafte Texte

1. Im folgenden Text findest du an zehn Stellen zwei Schreibweisen, von denen nur eine stimmt. Dein *SchulWörterBuch* hilft dir, die richtigen zu finden und die falschen zu streichen:

Tour de France

Im Jahr 1903 machten sich Radrennfahrer zum ersten *Mal/mal* auf den Rundweg *querr/quer* durch Frankreich. Allerdings war in den ersten Jahren *Einiges/einiges* anders als heute: Viele Straßen waren *ziemlich/ziehmlich* holprig, und es gab auch kein Auto mit Ersatzrädern. Stattdessen hatten die Fahrer die Fahrradschläuche selbst über die *Schulter/Schullter* geschnallt – falls *unterwecks/unterwegs* ein Reifen platzen sollte. Heute ist die Tour de France das berühmteste Radrennen der Welt. Rund 3500 km legen die Radprofis *ihnerhalb/innerhalb* von knapp 3 Wochen zurück. Wer im Ziel mitten in Paris ganz vorne liegt, bekommt das gelbe *Trickot/Trikot* und *läßt/lässt* sich mit viel *Schampagner/Champagner* feiern.

Quelle: Der Fischer Weltalmanach für Kinder. Fischer Taschenbuchverlag, 2007

---

2. In der Eulenspiegel-Geschichte sind leider zehn falsch geschriebene Wörter. Die Symbole auf der Seite geben an, wie viele Fehler sich in einer Zeile befinden:

Till wandert über die Berge

Einmal war Till mit einer Gruppe von Pilgern unterwegs, die nach Rom wollten, um den Pabst zu sehen. Der Weg über die Alpen war besonders beschwehrlich. Aber ◊◊
wehrend die anderen sich abmühten, sprang Till singend und lachend die Anhöhe ◊
hinauf. Wenn es Bergab ging und die anderen sich freuten, weil der Weg leicht war, ◊
stolperte Till mißmutig hinterdrein, als müsse er schrecklich leiden. Schliesslich fragte ◊◊
ein Pilger: „Meister Till, ich verstehe Euch nicht. Bergauf seid Ihr vergnügt, bergab
aber seid Ihr verärgert. Wie kommt das?" „Das ist gantz einfach", sagte Till. „Gehe ◊
ich hinauf, freue ich mich schon auf die schöne Aussicht und sehe, ob noch ein anderer Berg kommt. Gehe ich aber hinunter, sehe ich nur das tiefe Tal und den nächsten ◊
Anstieg, der vor mir liegt. Wie könnte ich mich da freuen?"
So gingen sie noch viele Tage und Wochen weiter. Erst als Till von der lezten Anhöhe ◊
die Statt Rom sah, lief er jubelnd auch den Berg hinunter. ◊

Quelle: Janisch, Heinz. Till Eulenspiegel. Neugebauer Verlag, 1994

Markiere die zehn Fehlerwörter und schreibe sie richtig auf:

3. In die Fabel haben sich zehn Rechtschreibfehler eingeschlichen.
Gelingt es dir, diese mithilfe des *SchulWörterBuches* ausfindig zu machen?

Der Fuchs und die Trauben

Der Fuchs hatte großen Hunger. Er strich durch einen Weinberg und schiehlte nach den saftigen Trauben, die von einem Spallier herunterhingen, so als wollten sie niemand anderen locken als ihn. Lüstern schaute der Fuchs auf die prahlen Früchte über ihm und sprang in die Höhe, um sie zu schnabben. Aber sie hingen zu hoch oben, er konnte sie nicht erreichen. Da machte er ein paar Schritte zurück und nahm erneut Anlauf. Aber Vergebens.
Wieder und wieder sprang der Fuchs in die Höhe und faßte nach den süßen Trauben. Er verfehlte sie aber immer.
Schließlich liess er ab und schlich aus dem Weinberg. Er war ziemlich entäuscht. Doch kurtze Zeit später tröstete er sich damit, eigentlich gar nicht hungrig zu sein.
Er streckte die Schnautze in den Wind und sagte zu sich selbst: „Was soll's? Die Trauben da sind eh nur sauer!"

Quelle: Gärtner, Hans. Aesop 12 Fabeln. Neugebauer Verlag, 1993

Schreibe die Wörter richtig auf: _____

Nachschlagen auf Zeit

1. Versuche die folgenden zehn Wörter innerhalb von acht Minuten zu finden.
Trage ein, auf welchen Seiten diese Wörter stehen:

WORT	SEITE	WORT	SEITE
Knödel		Esel	
Rumänien		Bilderbuch	
Toto		Gewicht	
fragen		Narkose	
Insekt		verlangen	

3. Versuche die folgenden zehn Wörter innerhalb von fünf Minuten zu finden.
Trage ein, auf welchen Seiten diese Wörter stehen:

WORT	SEITE	WORT	SEITE
stöbern		zugleich	
nachdem		Untertasse	
klimpern		Sonate	
heizen		Pluto	
Germ		Kaplan	

2. Versuche die folgenden zehn Wörter innerhalb von sechs Minuten zu finden.
Trage ein, auf welchen Seiten diese Wörter stehen:

WORT	SEITE	WORT	SEITE
Vogel		einbrechen	
scharf		Allergie	
Müller		Weihrauch	
tragen		unachtsam	
Handwerk		stets	

4. Versuche die folgenden zehn Wörter innerhalb von vier Minuten zu finden.
Trage ein, auf welchen Seiten diese Wörter stehen:

WORT	SEITE	WORT	SEITE
Internet		obligat	
neutral		Trilliarde	
rückwärtig		wieso	
Fußball		leise	
Burgenland		höflich	

Wörterbuch-Rallye

Auf dich wartet eine abwechslungsreiche Reise, die dich kreuz und quer durch die Welt des Wörterbuches führen wird.

Start Suche diese sechs Fremdwörter und notiere ihre Bedeutung:

Interjektion ⇨ *Ausrufewort*   Amnestie ⇨ _____

Veterinär ⇨ _____   impertinent ⇨ _____

Dilemma ⇨ _____   Rabatt ⇨ _____

Wenn du nun die Anfangsbuchstaben der Erklärungen **von unten nach oben** zusammenfügst, erhältst du das Hauptstichwort _____ (Seite ____).

In der Klammer wird die Bedeutung des Wortes erklärt. Auch ein Land ist angegeben: _____. Dieses Land gilt es auf deiner Reise als nächstes im Wörterbuch zu entdecken. Es befindet sich auf Seite ____.

Bleibe auf dieser Seite und suche die folgenden Erklärungen, die in Klammer stehen. Trage die dazupassenden Hauptstichwörter ein:

groß und dick

U	N	F	Ö	R	M	I	G

verboten

					B	

nicht willkommen

			B			

unausstehlich

				Ä				

nicht zu begreifen, unglaublich

				B		

mutig

					C	K	

unerfreulich

			Q	U			

selbstlos

					Ü		

Die Buchstaben in den grauen Kästchen ergeben von oben nach unten das Wort, das als nächstes nachzuschlagen ist:

Es steht auf Seite ____.

Genau 31 Hauptstichwörter zählst du auf dieser Seite.
12 davon sind hier aufgelistet, aber in neun dieser Wörter haben sich Buchstaben eingeschlichen.
Vergleiche sie mit den Wörtern im Wörterbuch und markiere die überflüssigen Buchstaben:

FALTE	FARCKE
FALISETT	FALTZ
FANNATIKER	FASCHING
FASELN	FASCHIIEREN
FAMILIDÄR	FANOFARE
FALOUTT	FALSIFIKANT

Von oben nach unten entsteht aus den neun markierten Buchstaben ein Fremdwort:

_____ ⇨ Seite _____

Wie jedes Fremdwort wird es in der Klammer genau erklärt.
Die gesamte Anzahl der Buchstaben der beiden Erklärungen beträgt _____ Buchstaben.
Die Zahl führt dich gleich zur nächsten Wörterbuchseite.

Stichwörter dieser Seite (fett gedruckt) enthalten die folgenden acht Sätze.
Welche Sätze stimmen nun bzw. welche Sätze stimmen nicht?
Das findest du bestimmt heraus.
Male die entsprechenden Buchstabenfelder an. Wenn du diese acht Buchstaben der Reihe nach zusammenfügst, erhältst du ein Wort, das zu jenen Wörtern gehört, die österreichische Schülerinnen und Schüler immer wieder falsch schreiben.
Schon neugierig???

	STIMMT	STIMMT NICHT
Die beiden Freundinnen unternahmen mit ihrem **Diadem** eine Radtour entlang des Flusses.	M	Z
Ich weise auf etwas **dezent**, also ganz auffällig, hin.	A	I
Wenn ein Beamter von **Diäten** spricht, meint er damit eine Aufwandsentschädigung.	E	S
Unser Nachbar ist **Diakon**, er strebt das Priesteramt an.	M	C
Frau Berger hat uns ganz **dezidiert** erklärt, dass es so nicht weitergeht.	L	H
Der Zuckerbäcker schenkte seiner Frau einen **Diabetes**.	O	I
Die Maßeinheit für das Gewicht von Schmucksteinen heißt **Diagramm**.	N	C
Ein Gespräch zwischen zwei Menschen nennt man **Dialog**.	H	E

Lösungswort = _____ ⇨ Wörterbuchseite _____

Sieben Hauptstichwörter dieser Seite haben sich waagrecht, senkrecht oder diagonal im folgenden Buchstabenrätsel versteckt. Sie bestehen aus unterschiedlich vielen Buchstaben. Markiere die Wörter und trage anschließend jedes Wort in die passende Zeile (auf die Anzahl der Buchstaben achten!!!) ein!

Z	A	P	E	R	D	O	C	K	Z
K	I	T	Z	L	Z	I	G	O	I
S	O	M	Z	E	R	M	N	A	G
Z	U	Z	P	E	Z	I	B	E	A
I	K	I	L	E	R	E	I	Z	R
E	V	E	U	U	R	W	A	L	E
R	G	L	O	T	O	L	Z	A	T
D	I	R	T	A	U	M	I	N	T
E	F	Z	I	N	K	E	S	C	E
Z	I	C	K	Z	A	C	K	C	H

Z I _ _ _ _
Z I _ _ _ _ _
Z I _ _ _ _ _ _
Z I _ _ _ _ _ _ _
Z I _ _ _ _ _ _ _ _
Z I _ _ _ _ _ _ _ _ _
Z I _ _ _ _ _ _ _ _ _ _

Ein anderes Wort für Vorhang ergibt sich, wenn du die Buchstaben der dunklen Felder der Reihe nach einträgst:

☐ ☐ ☐ ☐ ☐ ☐ ☐

Ein Ende wie dieses Wort besitzen etliche Wörter:

Apfelsine – Aubergine – Beduine – Gelatine – Kabine – Kantine – Latrine – Lawine – Limousine – Mandarine – Mandoline – Maschine – Rosine – Saline – Trichine – Violine

Neun dieser Wörter passen – aber welche? Dein Wörterbuch hilft dir.

Wüstenbewohner
☐ ☐ ☐ ☐ I N E

Melanzani, Gemüse
☐ ☐ ☐ ☐ ☐ ☐ I N E

Salzbergwerk
☐ ☐ ☐ I N E

Schmarotzerwurm
☐ ☐ ☐ ☐ ☐ I N E

primitive Toilette
☐ ☐ ☐ ☐ I N E

Knochenleim
☐ ☐ ☐ ☐ ☐ I N E

Saiteninstrument
☐ ☐ ☐ ☐ ☐ ☐ I N E

getrocknete Weinbeere
☐ ☐ ☐ I N E

komfortables Auto
☐ ☐ ☐ ☐ ☐ ☐ I N E

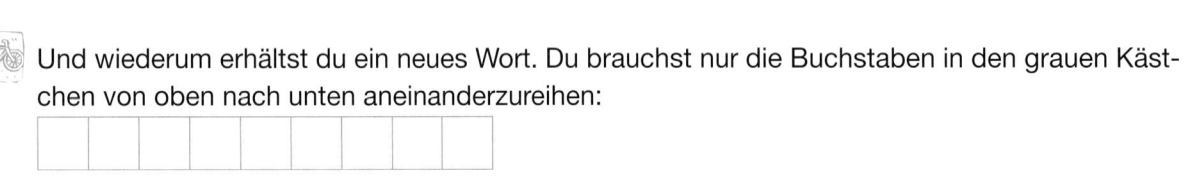

Und wiederum erhältst du ein neues Wort. Du brauchst nur die Buchstaben in den grauen Kästchen von oben nach unten aneinanderzureihen:

☐ ☐ ☐ ☐ ☐ ☐ ☐ ☐ ☐

Das Wort (+ Erklärung) befindet sich auf Seite _____ .
Diese Seite ist übrigens die letzte Station deiner Reise. Nur eine kleine Aufgabe wartet noch auf dich.

In die Lücken der sechs folgenden Sätze passen Wörter, die alle auf dieser Seite stehen.
Die Zahl nach einer Lücke bedeutet, der wievielte Buchstabe zu markieren ist:

Zum Würzen verwendet der Koch gerne _____ (3.).
Ein Arbeitskollege meines Vaters gehört einer anderen Glaubensgemeinschaft an, er ist _____ (3.).
Der General rückte mit seinem _____ (5.) in die Kaserne ein.
Das Auto springt nicht an, wahrscheinlich ist die _____ (4.) leer.
Für diese schwere Arbeit erhielt der Handwerker einen _____ (4.) Geld.
Die Lehrerin möchte den Mädchen am _____ (5.) eine neue Turnübung beibringen.

Du hast das *Ziel* erreicht. Bravo!!!

Die eingekreisten Buchstaben (von oben nach unten) sagen dir –

Du bist einfach ♪ _____ !!!

Orientierungsübungen (S. 3)

1. **Zeichenerklärung** – *sechzehn* Abkürzungen; **Hinweise zum Nachschlagen** – Abkürzungen in *spitzer* Klammer; **Wie man Wörter schneller findet** – Beim Aufschlagen des Wörterbuches benutze die *Suchhilfe* am Seitenrand; **Unregelmäßige Verben** – In der Tabelle sind die *drei* Stammformen unregelmäßiger Zeitwörter zusammengefasst; **Wortfamilien** – Verwandte Wörter haben *ein gemeinsames Stammwort*; **Wortfelder** – Das Zeitwort *denken* ist unter den wichtigen Wortfeldern angeführt; **Tipps für das richtige Schreiben** – Nimm dir mindestens *zwanzig* Sekunden Zeit, wenn du dir ein neues Wort einprägen möchtest; **Grundwortschatz für Kinder mit nicht deutscher Muttersprache** – Für *türkische* Kinder gibt es einen elf Seiten umfassenden Grundwortschatz

2.

1	G	R	E	N	Z	W	Ö	R	T	E	R
2	S	P	R	I	C	H	W	Ö	R	T	E	R
3	A	B	K	Ü	R	Z	U	N	G	E	N
4	W	O	R	T	A	R	T	E	N
5	G	E	F	I	E	L
6	S	P	R	E	C	H	E	N
7	G	E	B	Ä	U	D	E
8	U	S	K	O	R	O
9	C	U	M	I	N	T	E
10	K	Ü	S	T	A	H

Lösungswort: W Ö R T E R B U C H

3.

1	R	I	E	S	E
2	S	T	A	N	D	A	R	D	S	P	R	A	C	H	E
3	S	P	O	R	T	S	C	H	U	H	E
4	U	M	G	A	N	G	S	S	P	R	A	C	H	L	I	C	H
5	G	E	F	Ü	H	L
6	R	E	D	E	W	E	N	D	U	N	G	E	N
7	L	Ö	F	F	E	L	N
8	D	R	E	I	V	I	E	R	T	E	L	T	A	K	T
9	H	A	U	P	T	S	T	I	C	H	W	Ö	R	T	E	R
10	S	N	I	J	E	G
11	S	C	H	W	O	R
12	B	L	A	U
13	U	M	S	T	A	N	D	S	W	O	R	T
14	F	R	I	E	D	R	I	C	H
15	H	A	S	T	A

Lösungswort: S C H U L W Ö R T E R B U C H

Stichwörter-Allerlei (S. 6)

1.

1	T	E	R	R	A	R	I	U	M
2	E	R	P	E	L				
3	L	A	P	P	L	A	N	D	
4	M	Ü	H	E					
5	D	A	T	T	E	L			
6	A	B	I	T	U	R			
7	G	E	H	E	I	M			
8	W	A	L	T	E	N			

Lösungswort: A L P H A B E T

2.

1	T	W	E	N						
2	R	O	T	U	N	D	E			
3	M	Ä	R	Z						
4	L	E	I	S	T	U	N	G		
5	W	A	S	E	R	L				
6	H	A	U	P	T	S	Ä	C	H	L	I	C	H
7	R	U	S	H	H	O	U	R		
8	I	T	A	L	I	E	N			
9	M	O	N	E	T	E	N			
10	N	O	T	A	R	Z	T			

Lösungswort: W O R T S C H A T Z

Reimwörter suchen (S. 8)

1. **Klappe** – 209 / rechte Spalte – Mappe, **Nickel** – 248 / linke Spalte – Pickel, **Ziegel** – 341 / rechte Spalte – Tiegel, **Weiler** – 174 / rechte Spalte – Keiler, **Banause** – 418 / rechte Spalte – Zuhause, **Ozelot** – 24 / linke Spalte – Angebot, **Existenz** – 184 / linke Spalte – Konferenz, **Sonne** – 343 / linke Spalte – Tonne, **leben** – 46 / rechte Spalte – beben, **marschieren** – 143 / rechte Spalte – hantieren

2. **Wippe** – 313 – Sippe – 203 – Lippe, **Traufe** – 292 – Schlaufe – 338 – Taufe, **genesen** – 318 – Spesen – 201 – lesen, **elegant** – 258 – provokant – 217 – Ministrant, **Auerhahn** – 208 – Majoran – 372 – Vatikan, **Struwwelkopf** – 404 – Wiedehopf – 191 – Kropf, **Flanell** – 130 – Gestell – 350 – Tunell, **Siegel** – 341 – Tiegel – 159 – Igel, **Hierarchie** – 183 – Kompanie – 45 – Batterie, **Kemenate** – 343 – Tomate – 170 – Kantate, **Basalt** – 21 – alt/Alt – 396 – Wald, **Zoo** – 179 – Klo – 406 – wo

Ordnen nach dem ABC (S. 9)

1.

F	I	L	M

Dieses Wort finde ich im Wörterbuch auf Seite 111

Z	U	N	G	E

Dieses Wort finde ich im Wörterbuch auf Seite 419

H	A	N	S	D	A	M	P	F

2. 10 – Lust – Seite 206, 13 – teuer – Seite 340, 7 – hässlich – Seite 144, 9 – lieben – Seite 202, 12 – Sport – Seite 320, 3 – dann – Seite 73, 2 – bequem – Seite 51, 6 – Gebirge – Seite 122, 5 – Forelle – Seite 115, 14 – tüchtig – Seite 349, 11 – prima – Seite 255, 8 – höflich – Seite 154, 1 – angenehm – Seite 24, 4 – Direktion – Seite 80, 15 – Urzeit – Seite 370

3. 8 – fressen – Seite 118, 5 – flüstern – Seite 114, 13 – merken – Seite 214, 2 – fahren – Seite 106, 12 – melken – Seite 214, 11 – meiden – Seite 213, 4 – fliehen – Seite 113, 9 – fühlen – Seite 119, 14 – mischen – Seite 217, 3 – feilschen – Seite 109, 15 – mögen – Seite 219, 10 – mahlen – Seite 207, 6 – fordern – Seite 115, 1 – bedeuten – Seite 46, 7 – fortlaufen – Seite 116

4. 2 – schamponieren – Seite 286, 10 – Situation – Seite 313, 12 – stapfen – Seite 323, 9 – siezen – Seite 312, 5 – Schraube – Seite 299, 7 – Seeadler – Seite 306, 1 – saugen – Seite 284, 11 – Stapel – Seite 322, 4 – Schindel – Seite 290, 3 – Schiene – Seite 289, 6 – schreiben – Seite 300, 8 – Seele – Seite 307

5. Anfrage – Bahn – Form – indirekt – Narzisse – Punkt – Specht – Westen ✓
Organisation – Organ – Pastete – Pause – Radius – Radio – von – vom   f.
  2   1   3   4   6   5   8   7
Gimpel – Gitarre – Ginster – Joker – Joystick – Fisole – Fisch – Flanell   f.
  4   6   5   7   8   2   1   3
Kino – Kirche – Klage – Klammer – kleben – Kloster – knapp – Kobra ✓
Schar – scharf – Schauer – Segen – Seite – Saite – Steg – steil – Sperre   f.
  2   3   4   5   6   1   7   9   8

Zwischen den Grenzwörtern (S. 12)

Grenzwörter = das **erste** und das **letzte** Wort jeder Seite.
Grenzwörter sind oben in der **Kopfzeile** angegeben.

1. Grenzwörter der Seite 44: **Ballerina** ⇨ **Bann**
Grenzwörter der Seite 200: **Leier** ⇨ **lernbegierig**
Grenzwörter der Seite 353: **Übereinkommen** ⇨ **überkochen**

Zwischen welchen Grenzwörtern findest du die folgenden Stichwörter:
Scheibe: **schätzen** ⇨ **Schein**
Mühle: **Mucks** ⇨ **mürb**
unbezahlbar: **unbegründet** ⇨ **unehrenhaft**
Baldrian: **B** ⇨ **Ballen**
Formel: **Flyer** ⇨ **fortbringen**

2. lesbar ⇨ Licht: **Lettland**; Observation ⇨ ohne: **ÖFB**; weit ⇨ Weltall: **Wels**; Knappe ⇨ knüllen: **Knäuel**; Halm ⇨ Handarbeit: **haltbar**; Porto ⇨ prägen: **potz Blitz!**; sondern ⇨ Spalt: **Spaghetti**; überkommen ⇨ überrunden: **übernachten**; annehmen ⇨ anschwellen: **ans**; zirpen ⇨ zu: **Zoologe**

3. Zwischen den Grenzwörtern kommen **nicht** vor:
dösen ⇨ drehen: Dress, drei, Dose, Dirigent
Holland ⇨ Horn: Hornisse, holen, hohl, Horst
Passion ⇨ Pause: Parmesan, passen, Pavian, Passat, Paket

4. vergammeln ⇨ verhalten: Vergangenheit, Vergissmeinnicht, Vergleich, Vergnügen, Vergünstigung;
Spektakel ⇨ spielend: spezialisieren, spicken, spielen;
flatterhaft ⇨ Flipchart: flatterhaft, flau, flexibel, flink
hapern ⇨ Haue: Happyend – Happy End, hart gefroren – hartgefroren, Haselnussstrauch – Haselnuss-Strauch
l ⇨ Laken: Lacke, Laib, Laich, Lake

Nachschlagen und rechnen (S. 14)

1. Arbeit: 29; Durst: 86; Eiscreme: 94; backen: 43
Höhe des Donauturms: 252 m

2. Spiegel: 318; jemand: 167; Oberösterreich: 234; BMX-Rad: 62; Kohle: 181; Abstieg: 15; Vormittag: 392; gedenken: 123
Jahr, in dem Christoph Kolumbus Amerika erreicht hat: 1492

3. unüberbrückbar: 368; wetterfühlig: 403; kämmen: 170; Schlussphase: 294; Raumkapsel: 266; Johannisbeere: 167; Gully: 138; Vifzack: 389; Halstuch: 142; heranwachsen: 148; forschen: 115; PS: 258
Länge der Donau: 2858 km

Zweiter Teil gesucht! (S. 15)

1. Peitsche, Adler, Rüffel, Koordinate, Tschechien, vorverlegen, Fittich, sesshaft

2. Zäpfchen, Biathlon, Yankee, Matador, Köpfchen, ordentlich, Dirigent, Flunder, Harlekin, Nougat

3. quicklebendig, knospen, ultraviolett, Gondoliere, Vignette, Eldorado, poltern, murksen, nonstop, jordanisch, bohnern, Zutrauen

4. Blickwinkel (61), Fallergänzung (107), Gertreidesilo (130), Knollennase (180), Lederwaren (198), Lorbeerbaum (205), Originalfassung (238), Steigleitung (324), Wendepunkt (402), Zielgruppe (415)

5. arbeitswillig (29), berufstätig (52), fettarm (110), hintergründig (152), kopflos (187), maßstabgetreu (211), notgedrungen (232), putzmunter (260), überzählig (356), zwielichtig (423)

Auf Artikelsuche (S. 16)

1. a) der Teller, der Firnis, das Benzin, das Kleinod, die Metropole, der Pumpernickel, der Paradeiser, die Bewandtnis, die Kiefer (Nadelbaum), das Eldorado

b) der Harm, der Löss, die Terrakotta, die Zeder, die Rabatte, der Asbest, der Wisent, die Drift, die Fata Morgana, das Füllen, das Getto, das Konvikt

2. der/das Meter, der/das Virus, der/das Yoga/Joga, der/das Liter, das/der Viadukt, das/der Sandwich, das/der Spreißel, das/der Quiz, das/der Terpentin, der/das Abszess, der/die Sellerie, das/die Aerobic

Aus eins mach zwei oder drei … (S. 16)

1. a) der Schluss – die Schlüsse, das Ende – die Enden, die Flur – die Fluren, der Zirkus – die Zirkusse, das Konfekt – die Konfekte, die Pension – die Pensionen

b) das Raster – die Raster, der Kürbis – die Kürbisse, der Otter – die Otter, das Plasma – die Plasmen, die Regatta – die Regatten, das Terrarium – die Terrarien, der Iltis – die Iltisse, die Akelei – die Akeleien

c) der Zar – die Zaren, das Kleinod – die Kleinodien, das Rumpsteak – die Rumpsteaks, der/das Schnipsel – die Schnipsel, die Schank – die Schanken, das Original – die Originale, die Optik – die Optiken, die Semmel – die Semmeln, der Knödel – die Knödel, das Drama – die Dramen

2. der Schalk – die Schalke/Schälke, der Globus – die Globusse/Globen, das Mineral – die Minerale/Mineralien, der Atlas – die Atlanten/Atlasse, das Ren – die Rens/die Rene, der Pudding – die Puddinge/Puddings, das Serum – die Seren/Sera, der Toast – die Toaste/Toasts, der Salto – die Saltos/Salti, der Spurt – die Spurte/Spurts, der Karton – die Kartons/Kartone, das Mammut – die Mammute/Mammuts, der Torso – die Torsos/Torsi, das Cembalo – die Cembalos/Cembali, die Fata Morgana – die Fata Morganas/Fata Morganen

3. Einzahlwörter: Internet, Mut, Quecksilber, Obst, Drang, Rahm, Weihrauch
Mehrzahlwörter: Pfingsten, Alpen, Masern, Eltern
Einzahl und Mehrzahl: Ohnmacht, Gemüse, Tod, Gott

Wie schreib ich's richtig? (S. 18)

1. Risi-Pisi, Selchkarree, terrassenförmig
Reparatur, Pyjama, Wallfahrtsort
Floßfahrt, Buschenschenke. Buschenschänke, selbstständig / selbständig
Billardspieler, Zwerchfell, nachhause / nach Hause
Miesmuschel, Vorarlberg, Kollision
Frittatensuppe, Legasthenie, Ribiselmarmelade
Gymnasium, Rhythmus, Joghurt / Jogurt

2. LIPPTAUER, REGIENT, TACKELAGE, OBLIOGAT, KORBMORAN, DIEWAN, GUPFL, NALDERER, HOROTENSIE
Deine Leistung ist wirklich **picobello**!

3. DEKOLLETEE, KORRIDOR, INHALTSANGABE, WATTENMEER, LAKRITZE, RALLYEFAHRERIN, SCHINAKEL, WALROSSE, BASSSCHLÜSSEL, TERRARIUM, MESCHUGGE
Bravo, das war **erstklassig**!

Länder-Suchaktion (S. 19)

A	Ä	G	Y	P	T	E	N	B	C	F	G	H	I	J	L
S	R	M	Ö	S	T	H	E	H	E	R	I	C	I	H	E
L	U	A	E	W	C	M	N	B	S	T	V	W	N	Y	T
O	P	B	N	X	O	H	D	J	A	P	A	N	D	K	T
W	Q	U	A	K	I	S	I	S	N	A	R	D	I	Ü	L
A	Z	U	F	A	L	K	G	L	X	C	H	J	E	H	A
K	A	T	Z	U	N	D	O	M	E	A	U	S	N	L	N
E	Z	A	R	G	E	N	T	I	N	I	E	N	A	K	D
I	A	P	F	B	I	R	L	P	F	I	R	S	M	A	R
K	R	O	K	O	B	Ä	I	R	I	C	H	I	N	A	G
S	E	R	B	I	E	N	B	U	T	T	E	N	P	A	P
F	L	O	S	C	H	Y	Y	F	I	N	N	L	A	N	D
U	P	A	D	E	F	R	E	V	M	C	K	E	Ö	F	F
G	E	H	I	E	M	A	N	U	R	T	J	A	S	C	H
I	R	M	A	M	A	R	O	K	K	O	L	A	D	O	U
R	U	C	E	T	L	G	L	B	U	K	R	A	I	N	E

Serbien: 13 – Südosteuropa – Belgrad, **Finnland:** 5 – Nordeuropa – Helsinki, **Libyen:** 9 – Nordafrika – Tripolis, **Slowakei:** 14 – Osteuropa – Bratislava, **Peru:** 12 – Südamerika – Lima, **Lettland:** 8 – Osteuropa – Riga, **Ägypten:** 1 – Afrika – Kairo, **Ukraine:** 15 – Osteuropa – Kiew, **Japan:** 7 – Ostasien – Tokio, **Indien:** 6 – Südasien – Neu Delhi, **Argentinien:** 2 – Südamerika – Buenos Aires, **Mexiko:** 11 – Mittelamerika – Mexiko City, **Marokko:** 10 – Nordafrika – Rabat, **Chile:** 3 – Südamerika – Santiago de Chile, **China:** 4 – Ostasien – Peking

Aus dem Alltag (S. 21)

1. **trenzen** – weinerlich klagen, **Stuss** – Unsinn, **Racker** – temperamentvolles Kind, **Bim** – Straßenbahn, **fretten** – abmühen, **Kriecherl** – Ringlotte, **Lulatsch** – großer, schlanker Mann, **meschugge** – verrückt, **deichseln** – zustande bringen, **bremseln** – kribbeln, **lasch** – schwunglos, matt, **fies** – gemein, schlecht

2. **Waserl** – unbeholfener Mensch, **pomali** – langsam, **Sumper** – Nichtskönner, **zizerlweis** – nach und nach, **Bamperletsch** – kleines Kind, **Gugerschecken** – Sommersprossen, **letschert** – schlapp, **matschkern** – nörgeln, **gneißen** – verstehen, **Plutzer** – Kürbis, **notig** – geizig, **Zwutschkerl** – auffallend kleine Person, **urassen** – verschwenden, **Techtelmechtel** – Liebesaffäre

Nehmen wir eine Abkürzung? (S. 22)

1. **Dir.** – Direktor, **zz.** – zurzeit, **BLZ** – Bankleitzahl, **a.Z.** – auf Zeit, **PLZ** – Postleitzahl, **Abf.** – Abfahrt, **usf.** – und so fort, **i.A.** – im Auftrag, **Vbg.** – Vorarlberg, **KKW** – Kernkraftwerk

2. **SMS** – Short Message Service – Kurznachricht beim Mobilfunk, **k.o.** – knock-out – kampfunfähig, **VIP** – Very Important Person – sehr wichtige Person, **UNO** – United Nations Organization – Vereinte Nationen, **FAQ** – frequently asked questions – häufig gestellte Fragen, **GPS** – Global Positioning System – Navigationssystem, **NGO** – Non-Governmental Organization – nichtstaatliche Organisation, **WAP** – Wireless Application Protocol – Internetzugang via Handy, **SOS** – save our souls, save our ship – internationals Seenotzeichen

3. **6:** Diese Himbeeren werden ausschließlich für die Herstellung von Marmelade verwendet. **8:** Mit unseren Spenden wird Kindern in Entwicklungsländern geholfen. **10:** Wenn es bei uns 12 Uhr ist, ist es z.B. in Ungarn auch 12 Uhr. **1:** Kevin ist ein begeisterter Fußballer, er möchte gerne in einem Verein spielen. **4:** Familie Hübner fährt gerne mit der Bahn. **11:** Es kann nicht ausgeschlossen werden, dass es nie zu einem Unfall in einem Atomkraftwerk kommt. **9:** In den Großkaufhäusern wird man nicht bedient. **5:** Einige Schülerinnen und Schüler der 4A arbeiten gemeinsam an einem Projekt. **2:** Susanne musste aufgeben, sie konnte wegen einer Verletzung das Tennismatch nicht mehr bestreiten. **3:** Markus Rogan wird vielleicht zu den nächsten Olympischen Spielen entsandt. **12:** Wer sich nicht an die Gesetze hält, kann bestraft werden. **7:** Meine Schwester besucht dort einmal pro Woche nach der Arbeit einen Italienischkurs.

Wortgruppen ergänzen (S. 24)

1. um den See wandern, langsam durch die Stadt spazieren, von der Brücke stürzen, vom Stuhl purzeln, die Akten ordnen, eine Rechnung überprüfen, vom Nachbarn abschreiben, eine Sage nacherzählen, eine Geschichte erzählen, durch den Sumpf waten

2. den Angeklagten verteidigen, Dämpfe inhalieren, seine Feinde abwehren, das Fleisch spicken, einen Gegner besiegen, Giftgase einatmen, ein Land befrieden, einen Schlag parieren, das Schnitzel panieren, Spitzen klöppeln, ein Spitzendeckchen häkeln, den Täter verhaften, den Vorschlag akzeptieren, keinen Widerspruch dulden

Es war einmal ... (S. 25)

war, schleuderte, kamen, gefiel, ging, riefen, fand, sah, schrieben, dachte, ließ, hinunterkollerte, standen, gab, konnte, blieben, erschien, sprachen

4 x 10 Redewendungen (S. 26)

1. alles auf eine **Karte** setzen, bei Nacht und **Nebel**, das ist so sicher wie das **Amen** im Gebet, den **Gürtel** enger schnallen, durch die **Finger** schauen, sein **Geld** zum Fenster hinauswerfen, sich **Asche** aufs Haupt streuen, sich auf die **Socken** machen, sich die Zähne an etwas **ausbeißen**, sich ins Fäustchen **lachen**.

2.

	REDEWENDUNGEN		BEDEUTUNGEN
2	an jemandem einen Narren gefressen haben	1	das ist unerhört
8	auf der Hut sein	2	jemanden sehr mögen
6	auf eigenen Beinen stehen	3	jemanden täuschen
1	das geht auf keine Kuhhaut	4	leichtsinnig werden
9	etwas unter den Tisch kehren	5	ohne Hintergedanken sein
3	jemandem ein X für ein U vormachen	6	selbstständig sein
10	mit Blindheit geschlagen sein	7	sich aus etwas herauswinden
5	mit offenen Karten spielen	8	sich in Acht nehmen
7	sich aus der Affäre ziehen	9	über etwas nicht sprechen
4	über die Stränge schlagen	10	Wichtiges nicht erkennen

3.

	REDEWENDUNGEN		BEDEUTUNGEN
1	die **Ohren** spitzen	1	aufmerksam zuhören
10	im **Elfenbeinturm** sitzen	2	deutliche Worte finden
7	jemandem einen **Denkzettel** verpassen	3	die Wahrheit sagen
3	jemandem reinen **Wein** einschenken	4	geldgierig sein
6	jemanden hinters **Licht** führen	5	jemandem ins Gewissen reden
5	jemanden ins **Gebet** nehmen	6	jemanden betrügen
2	**Klartext** reden	7	jemanden strafen
9	sich in der **Gewalt** haben	8	nicht vorschnell handeln
4	um das goldene **Kalb** tanzen	9	sich beherrschen
8	nichts übers **Knie** brechen	10	weltfremd leben

4. aus lauter **Jux** und Tollerei, bei jemandem ist **Hopfen** und Malz verloren, den **Spieß** umdrehen, den **Vogel** abschießen, der **Apfel** fällt nicht weit vom Stamm, die **Maske** fallen lassen, die **Katze** aus dem Sack lassen, jemandem einen **Bären** aufbinden, seine **Fahne** nach dem Wind drehen, wie die **Axt** im Walde

Bedeutungen herausfiltern (S. 28)

1. **klamm** – durch Kälte steif, **überflüssig** – nutzlos, **vehement** – heftig, **Statuten** – Bestimmungen, Satzungen, **quirlig** – sehr lebhaft, **penetrant** – aufdringlich, durchdringend, **lancieren** – gezielt in Umlauf bringen, **horrend** – sehr hoch, **fair** – gerecht, **bibbern** – zittern, **nachhaltig** – groß, andauernd, **Pardon** – Gnade, Verzeihung

2. **anzüglich** – zweideutig, anstößig, **drastisch** – deutlich, **Kante** – Rand einer Fläche, **gebauchpinselt** – geschmeichelt, **imprägnieren** – wasserdicht machen, **Manier** – Art und Weise, **obskur** – dunkel, unklar, **weilen** (Verb) – sich aufhalten, **zerfleddert** – abgenützt, zerrissen, **sickern** – langsam fließen, **Qualitäten** – Fähigkeiten, **lukullisch** – üppig

Fremde Wörter (S. 29)

1. Gelatine – Knochenleim, Newsletter – Nachrichtenrundschreiben, Zyklon – Wirbelsturm, Räson – Vernunft, Valuta – ausländische Währung, senil – altersschwach, autonom – unabhängig, Ultimatum – letzte Aufforderung, Terrine – Suppenschüssel, frappant – überraschend, Nonsens – Unsinn, immobil – unbeweglich

2. WISSEND IST, WER WEISS, WO ER FINDET, WAS ER NICHT WEISS.

3.
1	S	E	H	F	E	H	L	E	R				
2	F	R	E	M	D	E	N	F	E	I	N	D	L	I	C	H
3	Z	A	H	N	B	E	L	A	G
4	Z	U	S	A	M	M	E	N	F	A	S	S	U	N	G
5	L	A	N	D	S	T	R	E	I	C	H	E	R
6	W	Ü	R	F	E	L
7	S	C	H	Ö	N	S	C	H	R	E	I	B	E	R
8	V	O	R	L	I	E	B	E
9	E	N	T	S	C	H	E	I	D	U	N	G
10	S	E	U	C	H	E
11	M	I	S	C	H	G	E	T	R	Ä	N	K
12	E	I	N	S	I	E	D	L	E	R
13	W	E	L	T	L	I	C	H
14	L	U	X	U	S	H	O	T	E	L
15	A	U	F	S	Ä	S	S	I	G
16	F	E	I	N	S	C	H	M	E	C	K	E	R
17	B	E	O	B	A	C	H	T	U	N	G
18	V	E	R	W	A	L	T	U	N	G	S	B	E	R	E	I	C	H

LÖSUNGSWORT: FREMDWÖRTERLEXIKON

4. Rayon, Ovationen, Logopädin, Fusion, permanent, suspendieren, Matinee, ambulant, dezent, Kataster, Neuralgie, extrahieren, transpirieren, Glossar, Viadukt

Stimmt's oder stimmt's nicht? (S. 32)

AUSSAGE	STIMMT	STIMMT NICHT
Nougat und *Nugat* – beides ist möglich.	EINE	ZWEI
Die *Bratsche* ist ein Zupfinstrument.	DINGE	FREUDE
Unmittelbar vor dem *Korn* steht *Kork*.	KÖNNEN	VERTREIBT
Der *Quittenkäse* ist eine Marmelade.	HUNDERT	TAUSEND
schwören: Mitvergangenheit ⇨ schwöre	TRÄNEN.	SORGEN.

CHINESISCHE WEISHEIT: Eine Freude vertreibt hundert Sorgen.

AUSSAGE	STIMMT	STIMMT NICHT
Yen ist die chinesische Währung.	WER	NUR
Man schreibt *Stop-Licht*.	DEN	DEM
Zum Wort *Promotion* gibt es eine Aussprachehilfe.	FRÖHLICHEN	MENSCHEN
d.M. ist die Abkürzung von dieser Meinung	LIEBT	BLÜHT
Joghurt kann man mit der, die und das verwenden.	DER	KANN
Die *Bosna* hat etwas mit einer Wurst zu tun.	BAUM	SICH
Man schreibt *geziehmen* und *geziehmend*.	GLÜCKLICH	DES
Die Mehrzahlform von *Egoismus* lautet Egoismen.	LEBENS.	SCHÄTZEN.

SPRUCH VON ERNST MORITZ ARENDT: Nur dem Fröhlichen blüht der Baum des Lebens.

AUSSAGE	STIMMT	STIMMT NICHT
Es gibt sowohl *Meltau* als auch *Mehltau*.	ALLES	NICHTS
Ein Gedicht kann man *rezitieren*.	NIMMT	IST
Wenn ein *Vulkan* ausbricht, *vulkanisiert* er.	DER	EIN
Diabetes ist ein weibliches Nomen ⇨ die Diabetes.	SCHLECHTE	GUTES
Die Pluralform von *Lametta* heißt Lamettas.	ANFANG	ENDE
Ferner ist eine andere Bezeichnung für Gletscher.	FÜR	MIT
Aus *Bauxit* wird Aluminium gewonnen.	DEN,	DEM,
Die Tage der *Eisheiligen* beginnen am 5. Mai.	DIE	DER
Man kann er *molk* oder er *melkte* sagen.	WARTEN	BLEIBEN
So schreibt man das Wort *Rharbarberkuchen*.	DARF.	KANN.

SPRUCH VON LEO TOLSTOI: Alles nimmt ein gutes Ende für den, der warten kann.

Fragen über Fragen (S. 33)

Rumpsteak – Rindfleisch, **Narziss** – in sich selbst, **Fetisch** – eine magische Kraft, **Dumping** – die Preise, **Arier** – die Nichtjuden, **Psychiatrie** – mit seelischen Krankheiten, **Usurpator** – die Gewalt im Staat, **Votivbild** – einer/einem Heiligen, **Zehent** – an den Grundherrn oder an die Kirche, **Gyros** – in Griechenland, **Destillieren** – durch Verdampfen, **Lehen** – im Mittelalter, **Boiler** – Warmwasser, **Quargel** – aus Sauermilch, **Rasterfahndung** – für polizeiliche Ermittlungen, **Szegedinergulasch** – Sauerkraut, **Marketing** – der Absatz, **Chronik** – geschichtliche Ereignisse, **Facettenaugen** – Insekten, **Immatrikulation** – an einer Hochschule

Fehlerhafte Texte (S. 34)

Mal/~~mal~~, ~~querr~~/quer, ~~Einiges~~/einiges, ziemlich/~~ziehmlich~~, Schulter/~~Schullter~~, ~~unterwecks~~/unterwegs, ~~ihnerhalb~~/innerhalb, ~~Trickot~~/Trikot, ~~läßt~~/lässt, ~~Schampagner~~/Champagner

Einmal war Till mit einer Gruppe von Pilgern unterwegs, die nach Rom wollten, um den Pa**b**st zu sehen. Der Weg über die Alpen war besonders besche**h**rlich. Aber w**e**hrend die anderen sich abmühten, sprang Till singend und lachend die Anhöhe hinauf. Wenn es **B**ergab ging und die anderen sich freuten, weil der Weg leicht war, stolperte Till mißmutig hinterdrein, als müsse er schrecklich leiden. Schlie**ss**lich fragte ein Pilger: „Meister Till, ich verstehe Euch nicht. Bergauf seid Ihr vergnügt, bergab aber seid Ihr verärgert. Wie kommt das?" „Das ist gan**t**z einfach", sagte Till. „Gehe ich hinauf, freue ich mich schon auf die schöne Au**s**icht und sehe, ob noch ein anderer Berg kommt. Gehe ich aber hinunter, sehe ich nur das tiefe Tal und den nächsten Anstieg, der vor mir liegt. Wie könnte ich mich da freuen?"
So gingen sie noch viele Tage und Wochen weiter. Erst als Till von der le**z**ten Anhöhe die Sta**tt** Rom sah, lief er jubelnd auch den Berg hinunter.
Die Fehlerwörter richtig geschrieben: Papst, beschwerlich, während, bergab, missmutig, Schließlich, ganz, Aussicht, letzten, Stadt

Der Fuchs hatte großen Hunger. Er strich durch einen Weinberg und schie**h**lte nach den saftigen Trauben, die von einem Spa**l**lier herunterhingen, so als wollten sie niemand anderen locken als ihn. Lüstern schaute der Fuchs auf die pra**h**len Früchte über ihm und sprang in die Höhe, um sie zu schna**bb**en. Aber sie hingen zu hoch oben, er konnte sie nicht erreichen. Da machte er ein paar Schritte zurück und nahm erneut Anlauf. Aber **V**ergebens.
Wieder und wieder sprang der Fuchs in die Höhe und fa**ß**te nach den süßen Trauben. Er verfehlte sie aber immer. Schließlich lie**ss** er ab und schlich aus dem Weinberg. Er war ziemlich en**t**äuscht. Doch kur**t**ze Zeit später tröstete er sich damit, eigentlich gar nicht hungrig zu sein.
Er streckte die Schna**u**tze in den Wind und sagte zu sich selbst: „Was soll's? Die Trauben da sind eh nur sauer!"
Die Fehlerwörter richtig geschrieben: schielte, Spalier, prallen, schnappen, vergebens, fasste, ließ, enttäuscht, kurze, Schnauze

Nachschlagen auf Zeit (S. 35)

1. Knödel – 180, Esel – 103, Rumänien – 278, Bilderbuch – 59, Toto – 344, Gewicht – 131, fragen – 116, Narkose – 227, Insekt – 163, verlangen – 379

2. Vogel – 389, einbrechen – 90, scharf – 286, Allergie – 20, Müller – 222, Weihrauch – 400, tragen – 344, unachtsam – 360, Handwerk – 143, stets – 326

3. stöbern – 327, zugleich – 418, nachdem – 224, Untertasse – 368, klimpern – 178, Sonate – 315, heizen – 147, Pluto – 251, Germ – 128, Kaplan – 171

4. Internet – 164, obligat – 234, neutral – 229, Trilliarde – 347, rückwärtig – 277, wieso – 404, Fußball – 120, leise – 200, Burgenland – 68, höflich – 154,

Wörterbuch-Rallye (S. 36)

Interjektion ⇨ **Ausrufewort**
Veterinär ⇨ **Tierarzt**
Dilemma ⇨ **Zwangslage**
Amnestie ⇨ **Straferlass**
impertinent ⇨ **Unverschämt**
Rabatt ⇨ **Preisnachlass**

Puszta (Seite 260)

angegebenes Land: Ungarn ⇨ Seite 362.
groß und dick – UNFÖRMIG, verboten – UNERLAUBT, nicht willkommen – UNGEBETEN, unausstehlich – UNERTRÄGLICH, nicht zu begreifen, unglaublich – UNFASSBAR, mutig – UNERSCHROCKEN, unerfreulich – UNERQUICKLICH, selbstlos – UNEIGENNÜTZIG
FANTASIE ⇨ Seite 107

FALTE, FALISETT, FANNATIKER, FASELN, FAMILIDÄR, FALOUTT, FARCKE, FALTZ, FASCHING, FASCHIIEREN, FANOFARE, FALSIFIKANT
INDUKTION ⇨ Seite 161
Die gesamte Anzahl der Buchstaben der beiden Erklärungen beträgt 78 Buchstaben.

	STIMMT	STIMMT NICHT
Die beiden Freundinnen unternahmen mit ihrem **Diadem** eine Radtour entlang des Flusses.	M	Z
Ich weise auf etwas **dezent**, also ganz auffällig, hin.	A	I
Wenn ein Beamter von **Diäten** spricht, meint er damit eine Aufwandsentschädigung.	E	S
Unser Nachbar ist **Diakon**, er strebt das Priesteramt an.	M	C
Frau Berger hat uns ganz **dezidiert** erklärt, dass es so nicht weitergeht.	L	H
Der Zuckerbäcker schenkte seiner Frau einen **Diabetes**.	O	I
Die Maßeinheit für das Gewicht von Schmucksteinen heißt **Diagramm**.	N	C
Ein Gespräch zwischen zwei Menschen nennt man **Dialog**.	H	E

Lösungswort = ziemlich ⇨ Wörterbuchseite 415

Z	A	P	E	R	D	O	C	K	Z
K	I	T	Z	L	Z	I	G	O	I
S	O	M	Z	E	R	M	N	A	G
Z	U	Z	P	E	Z	I	B	E	A
I	K	I	L	E	R	E	I	Z	R
E	V	E	U	U	R	W	A	L	E
R	G	L	O	T	O	L	Z	A	T
D	I	R	T	A	U	M	I	N	T
E	F	Z	I	N	K	E	S	C	E
Z	I	C	K	Z	A	C	K	C	H

Z	I	G						
Z	I	C	K	Z	A	C	K	
Z	I	G	A	R	E	T	T	E
Z	I	E	R	D	E			
Z	I	M	P	E	R	L	I	C H
Z	I	N	K	E				
Z	I	E	L					

| G | A | R | D | I | N | E |

Wüstenbewohner – BEDUINE, Salzbergwerk – SALINE, primitive Toilette – LATRINE, Saiteninstrument – MANDOLINE, komfortables Auto – LIMOUSINE, Melanzani, Gemüse – AUBERGINE, Schmarotzerwurm – TRICHINE, Knochenleim – GELATINE, getrocknete Weinbeere – ROSINE
BAROMETER ⇨ Seite 45

Basilikum (3.), Baptist (3.), Bataillon (5.), Batterie (4.), Batzen (4.), Barren (5.)
Du bist einfach Spitze!!!